Languages and C

Kulturstiftung Sibirien

Ительменские тексты

составители:

Эрих Кастен
Михаэль Дюрр

Itelmen Texts

Erich Kasten
Michael Dürr

Editors

Verlag der Kulturstiftung Sibirien
SEC Publications

Bibliografische Informationen der Deutschen Nationalbibliothek:
Die Deutsche Nationalbibliothek verzeichnet diese Publikation in der Deutschen
Nationalbibliografie: detaillierte bibliografische Daten sind im Internet über
<http://dnb.d-nb.de> abrufbar.

Kulturstiftung Sibirien | Фонд культуры народов Сибири
SEC Siberian Ecologies and Cultures Publications

Серия: Языки и культуры народов Дальнего Востока России
отв. редактор серии: Э. Кастен

Э. Кастен, М. Дюрр (*составители, редакторы*),
Фотографии: Э. Кастен

Предлагаемый сборник содержит ительменские тексты
с переводами на русский и английский языки. Цель издания – сохранить язык и традиционные знания ительменов
Камчатки и сделать возможным передачу их будущим поколениям. Книга содержит документацию прежде всего
воспоминаний о жизни в прошлом в ительменских селах
на западном побережье Камчатки, также сказок и песен.
Тексты на ительменском языке записаны в соответствии с
местными говорами, которые в наши дни уже практически
не существуют.

Печатные тексты в сборнике дополнены аудио- и видеозаписями на ДВД, особенно подходят к учебными посо-
биям. Благодаря этому данное издание служит в первую
очередь научно-практическим целям. Чтобы материалы
могли быть использованы в лингвистических исследованиях, также заинтересованными читателями в остальном
мире, кроме английского перевода предлагается принятая
в научном мире латинизированная транскрипция текстов
вместе с лингвистическим анализом в интернете.

Electronic edition and film/audio materials to the texts:
www.siberian-studies.org/publications/itelmentexts.html

Предисловие[1]

Предлагаемый сборник содержит ительменские тексты с переводами на русский и английский языки. Основная часть текстов была записана Эрихом Кастеном во время полевых работ в Тигильском и Быстринском районах Камчатки в течение 1993–2000 годов. Последний текст был записан в 2012 г. в п. Палана. Большую часть текстов транскрибировали и переводили на русский язык сами носители языка. Мы благодарим Дэвида Коестера и Беверли Стюарта за корректуру английского текста и Тьян Заочную – русского.

Книга относится к серии учебных пособий по ительменскому языку и культуре. Целью книжных и интернет-изданий в сочетании с дополнительной документацией на ДВД является сохранение ительменского языка с его локальными особенностями, также традиционных знаний этого народа. Они должны побуждать и способствовать тому, чтобы знания передавались будущем поколениям.

Сборник предлагает обширную документацию различных местных говоров ительменского языка, на которых говорили в населенных пунктах на западном побережье Камчатки, многие из которых были закрыты до 1970-х годов. Записанные тексты принадлежат последним носителям языка, имевшим возможность учить его как родной в кругу семьи. Между тем многие из тех, с кем велось это эффективное сотрудничество, уже умерли. Данное издание с включенными в него аудиозаписями и видеосъемками, в которых отражаются телодвижения и выражения лица говорящих, является подлинной документацией уникального культурного наследия ительменского народа и предлагает богатый потенциал для тех, кто пожелает возвратиться к нему в будущем.

Концепция и оформление книги из серии «Языки и культуры Дальнего Востока России» *(Languages and Cultures of the Russian Far East)* преследуют прежде всего цель стимулировать молодых людей интенсивно заниматься изучением как родного языка, так и традиционных знаний своих предков.[2] Данный вид презентации уже зарекомендовал

---

1 Несколько частей этого вступления были получены из предыдущего тома из этой серии: «Духовная культура эвенов Быстринского района», состав. Эрих Кастен и Раиса Авак (2014). http://www.siberian-studies.org/publications/evenduch_R.html

2 http://www.siberian-studies.org/publications/PDF/sikkasten.pdf

себя на практике как полезный при использовании дидактических материалов как во время уроков, так и внеурочной деятельности общеобразовательных учреждений. Такого рода презентация, когда ительменский и русский тексты расположены на противоположных страницах, в большей степени отвечает обычному стандарту многоязычной литературы, и в меньшей – лингвистическому соответствию подстрочных переводов. Опыты с подобными учебными материалами показали, что такие презентации встречают большее одобрение у читателей на местах,[3] заинтересованных в текстах, но владеющих ограниченным знанием ительменского языка. Постоянное прерывание для прочтения подстрочного перевода часто воспринимается ими как помеха. Читая русский текст на правой странице разворота и находя соответствие отдельных слов или пассажей в ительменском языке на той же строке на противоположной левой, может также способствовать развитию интереса к родному языку.

Предлагаемая форма презентации служит в первую очередь научно-практическим целям. Английский перевод предназначен для заинтересованных читателей за пределами России. Чтобы материалы могли быть использованы и в лингвистических исследованиях, в интернете предлагается принятая в научном мире латинизированная транскрипция текстов.

Упомянутым потенциальным группам пользователей одновременно, как ценное дополнение, предлагается ДВД с видеозаписями, которые позднее будут доступны в интернете. С помощью «счетчика» наверху страницы одновременно можно будет прослушать или просмотреть определенные предложения или отрывки: первая цифра означает номер строки, вторая – счетчик времени на видеозаписи. Видеозаписи с многоязычными подзаголовками в свою очередь являются одновременно учебными дидактическими материалами.Некоторые рассказы чаще всего не могут быть сегодня реально узнаваемы молодыми людьми, однако могут служить стимулом для дальнейшего развития интереса в сохранении культурных традиций и родного языка своего народа. Кроме того ДВД с английскими подзаголовками охотно используются коренными народами Северной Америки и Северной Европы, заинтересованными в культурном обмене с коренными народами Камчатки и других регионов российского севера.

Необходимо отметить, что во время транскрибирования ительменских текстов возникали некоторые сложности. С одной стороны, учеб-

---

3   http://www.siberian-studies.org/publications/echgan_R.html
    http://www.siberian-studies.org/publications/PDF/itelskaz.pdf, стр. 9

ные пособия по ительменскому языку, в настоящее время используемые на Камчатке, следуют принятому еще в советское время стандарту. С другой стороны, главная цель данного издания – это сохранение уникальных местных говоров ительменов как основного элемента традиционного культурного наследия. Поэтому предлагаемая транскрипция текстов отражает в первую очередь то, как именно они говорят. Что касается перевода на русский язык, мы решили использовать более свободный литературный перевод, чтобы содержание текстов было понятнее широкому читателю.

Записанные тексты показывают определенные языковые контакты. Тексты на северном диалекте могут содержать корякские элементы, в том числе такие слова как *йэмэлӄэн* «тундра», *ныпулаӄэн* «маленький», или корни глагола как *райт-* «возвращаться». Проникновение русских слов и предложений в ительменский язык было характерно для разговорного ительменского в течение последних десятилетий, что мы встречаем в коллекции текстов, собранных В. И. Иохельсоном в 1910 и 1911 годы. В случае перехода на русский язык, при оговорках или при неясных разговорных словах и окончаниях, носители языка иногда решали не транскрибировать сказанное, а предпочитали брать другую формулировку. А потому транскрипция не всегда соответствует в точности аудиозаписи.

Большая часть записанных воспоминаний как из жизни, так и других тем делалась ительменами (также и пожилыми) на русском, так как многие предпочитали говорить на этом языке, ставшим для них уже более привычным. Но они будут опубликованы в следующем номере. Тем не менее один из текстов на русском языке, а именно рассказанный Т. Е. Гуторовой о происхождении Эльвель, включен в данную книгу. Это объясняется тем, что текст дает информацию к песням, которые здесь вопроизводятся. Т. Е. Гуторова, одна из последних носителей языка, теоретически могла бы рассказать легенду и на ительменском. Но ввиду особенностей ситуации с записыванием она предпочла рассказать ее на русском языке.

Другие учебные пособия по ительменскому языку и культуре в данной серии дополняют коллекцию текстов. В 2012 г. вышло второе издание иллюстрированного учебника для начальных классов «Историко-этнографическое учебное пособие по ительменскому языку»,[4] в первый раз опубликованного в 1997 г. В 1999 г. были выпущены «Методические рекомендации (материалы) учителю ительменского

---

4 http://www.siberian-studies.org/publications/itelmenuchebnik_R.html

языка».[5] «Говорящий ительменский словарь» (2015)[6] в интернете предлагает обширный тематический словарь с примерами-предложениями с учетом локальных вариаций разных носителей языка. Словарь вместе с предлагаемой книгой являются заменой мультимедийного диска «Ительменский язык и культура», вышедшего в 2001 г., на настоящий момент технически устаревшего. Тексты, собранные В. И. Иохельсоном в 1910 и 1911 гг.,[7] были опубликованы в 2014 г. впервые в современно й ительменской транскрипции, таким образом они наконец-то могут быть читаемы и используемы также местным населением. Другие ДВД иллюстрируют усилия последнего времени относительно возрождения ительменской культуры, начиная с 1990-х годов, как например, ежегодно проводимый праздник Алхалалалай в с. Ковран.[8] Молодые и профессиональные художники и их работы были представлены в книгах «Мир глазами детей: Детские рисунки из Сибири и Северо-Тихоокеанского побережья» (1998)[9] и «Олений рог и ольха: резное искусство с Камчатки» (2005),[10] также на выставках, как например, «Шаманы Сибири» (2008).[11] Для ительменского ансамбля Эльвель были организованы гастроли по Германии в 1996 году. Немецкое переиздание книги Г. В. Стеллера «Описание земля Камчатки»[12] и новые издания других этнографических описаний культуры ительменов XIX века[13] дают возможность широкого ознакомления с историей, социальной жизнью и культурой ительменов в прошлом. Совместно с сотрудниками Камчатского института экологии и природопользования ДВО РАН г. Петропавловск-Камчатский Эрих Кастен руководил с 1995 по 1996 проектом «Ресурсы традиционного природопользования народов Севера и Дальнего Востока России»,[14] результаты которого стали основой в планировании устойчивого развития природных ресурсов ительменов. В подготовке книга воспоминаний о жизни ительменов, записанные на русском языке на Камчатке с 1993 по 1997 гг.

---

5   http://www.siberian-studies.org/publications/PDF/khaloimova1999.pdf

6   http://www.kulturstiftung-sibirien.de/itd_R.html

7   http://www.siberian-studies.org/publications/itelskaz_R.html

8   http://www.siberian-studies.org/publications/films_R.html

9   http://www.siberian-studies.org/publications/PDF/kasten1998b.pdf

10 http://www.siberian-studies.org/publications/PDF/kasten2005a.pdf

11 http://www.kulturstiftung-sibirien.de/ver_417_R.html

12 http://www.siberian-studies.org/publications/steller_R.html

13 http://www.siberian-studies.org/publications/bika_R.html

14 http://www.siberian-studies.org/publications/restrad_R.html

Исследовательский проект Свободного университета г. Берлина по этническим процессам, при поддержке Немецкого научно-исследовательское объединения, впервые дал возможность Эриху Кастену проводить полевые работы среди ительменов на Камчатке между 1993 и 1997 гг. На собрании населения села Ковран в сентябре 1993 г., т.е. в самом начале научного проекта, многие ительмены выразили опасение относительно сохранения языка и культуры и экологических основ устойчивого экономического развития. Их пожеланиям пошли навстречу и уже через короткое время были проявлены первые инициативы. Таким образом в дальнейшем дополнительно к научным результатам этого проекта появлялись новые практические материалы как по экологическим основам территории, так и по ительменскому языку и культуре, к числу которых относится и предлагаемая книга.

Эрих Кастен, Михаэль Дюрр

Introduction[15]

This book contains Itelmen texts with Russian and English translations. Most of the texts were recorded by Erich Kasten between 1997 and 2000 during his fieldwork in the Tigil'ski and Bystrinski districts. Another text was recorded in Palana in 2012. Most of the texts have been transcribed and translated into Russian by the speakers themselves. We thank David Koester and Beverley Stewart for their assistance in editing the English translation, and Tjan Zaotschnaja for editing some of the Russian texts.

This book is part of a set of learning and teaching materials on Itelmen language and culture. The aim of these print and online editions with supplementary DVD documentaries is to sustain the particular local speech and knowledge of the Itelmen people, who live in Kamchatka, and to encourage and support their transmission to future generations.

The given collection of texts provides us with a broad documentation of local language varieties that were spoken in traditional Itelmen villages on the west coast of Kamchatka, many of them having been closed since the 1970s. The recorded texts are from the last fluent speakers of this language who had the opportunity to learn it as their mother tongue within their families.

---

15 Several paragraphs of the introduction have been adapted from the previous volume *Even Tales, Songs and Worldviews* edited by Erich Kasten and Raisa N. Avak published in 2014 in the series Language and Culture of the Russian Far East.

However, many of them have unfortunately passed on since this productive collaboration with them took place. Therefore, together with the accompanying audio and video films on DVD – that record the body language and facial expressions of the speakers – this edition comprises authentic documentation of the unique cultural heritage of this people, and provides a perpetual resource for those who wish to draw upon it.

The design of the given and other volumes in the series *Languages and Cultures of the Russian Far East* intends to motivate in particular the young to learn more about the language and traditional knowledge of their elders and ancestors. Accordingly, these materials have proved useful as learning tools in school classes and at community events. The presentation of the Itelmen and Russian texts on facing pages rather than in interlinear form, as chosen here, corresponds more to the common standard of polyglot literature editions than to common linguistic conventions. Experiences with earlier text editions have shown that it is more attractive to read these texts presented in this way, especially for those who have no or only limited knowledge of the Itelmen language. When reading the Russian text on the right side, these readers might become interested to learn more about a particular expression in the original Itelmen language. While moving from time to time to the corresponding lines on the left page, more interest can be generated for some of them in not only recalling single words, but also full phrases in their language.

Therefore, in the given form the texts fulfill the practical purposes of sustaining indigenous language and knowledge. In order to make the texts available also to readers from other parts of the world, especially to northern indigenous communities outside Russia, the book also contains English translations. Latinized transcriptions with interlinear glosses providing a preliminary linguistic analysis of the texts are under revision and will be given on the Internet for those with more academic interests.

The accompanying DVD is recommended for all user groups as it contains the full audio and video files, which will later be available also on the Internet. By means of the video time count that corresponds to the lines in the book, particular phrases or sections can be listened to and viewed where these are portrayed by elder generations. This is certainly not only more informative, but also triggers additional interest among the youth, who can see and remember their grandparents and ancestors. Such visual materials, together with the spoken and translated texts, aroused particular interest during earlier presentations in other northern indigenous communities outside Kamchatka and Russia, where they encouraged useful cultural exchanges.

In conclusion, it should be noted that, regarding the adequate transcription of spoken Itelmen texts, some things had to be considered in a well-thought out and balanced way. On the one hand, school books and other teaching materials that are used in Itelmen classes often still refer to the Itelmen standard that was chosen in Soviet times for Itelmen teaching materials. On the other hand, it is the main aim of the given edition to document and sustain the unique local speech and local knowledge of Itelmens – whereas earlier strategies have often proved counterproductive in this regard. Therefore, the recorded texts are transcribed here as closely as possible to the way people actually speak, and not according to still prevailing school book standards. We are aware that this can sometimes cause confusion – but this has also been the case before, when students had to learn from school books an Itelmen language that was different than the one spoken by older family members at home. For the Russian version we opted for a freer translation of the texts to make them more convenient to read and easier to understand.

The recorded texts show a certain amount of language contact. Texts from Northern Itelmen speakers may include some Koryak elements, among others such words as *jemelqəŋ* "tundra", *nəpulaqen* "small" or verb roots as *rajt-* "to return". The intrusion of Russian words and phrases into Itelmen was characteristic of the Itelmen spoken in the last few decades and can also be found in the first collection of texts by V. I. Jochelson in 1910/11. In the case of such switches to Russian, slips of the tongue or slurred words or endings, the narrators occasionally decided not to transcribe their spoken words, but chose a different wording. Therefore, the transcriptions do not always correspond to the sound recordings exactly.

Most recordings on life histories and other themes with – even elder – Itelmen had to be conducted in Russian, as many of them preferred to speak in the latter language, which already felt more familiar to them. These texts will be published in a separate volume. One of these Russian texts by T. E. Gutorova on the origin of the tale El'vel' is included here, as it provides the informative background to her songs that relate to this tale. T. E. Gutorova was one of the latest fluent Itelmen speakers, who would have been able to give this information also in Itelmen. But because of the particular situation in which the recording took place, she decided to speak Russian.

More learning tools on Itelmen language and culture in this series supplement the given text collection. In 2012, the second edition of the illustrated primer or elementary school book *Historical-ethnographical teaching materials for the Itelmen language*,[16] first published in 1997, was released, as well as *Methodical recommendations (materials) for the teacher of Itelmen language*[17] in 1999. The online *Itelmen Talking Dictionary*[18] provides a comprehensive thematic Itelmen lexicon with sample sentences that take into account local variations of various speakers. Together with the given volume the dictionary substitutes the multimedia CD *Itelmen Language Culture* from 2001 that technically has become out of date since then. *Itelmen texts*,[19] collected by V.I. Jochelson between 1910 and 1911, have been published in 2014 for the first time in contemporary Itelmen script, so that they can be read and used by interested members of the Itelmen community. More DVDs illustrate recent local activities with regard to the Itelmen cultural revival since the 1990s, such as the annual Alkhalalalai-festival in Kovran.[20] Young and professional artists are featured with their work in the books *Mir glazami detei*[21] and *Oleni rog i ol'kha,*[22] as well as at exhibitions, such as *Schamanen Sibiriens.*[23] A tour of the Itelmen ensemble El'vel' was organized in 1996.[24] The new edition of G.W. Steller's *Beschreibung von dem Lande Kamtschatka*[25] and more ethnographic records on Itelmen culture by scientists from the 19th century provide broad insights into the history and earlier states of Itelmen ecological knowledge, social organization and culture. In preparation is a volume on Itelmen life stories that were recorded in Russian language in Kamchatka between 1993 and 1997. In collaboration with natural scientists from the Institute for Ecology and Resource Use in Petropavlovsk-Kamchatski, Erich Kasten directed in 1995 and 1996 the project *Resources of traditional nature use of the peoples of the North and the Russian Far East.*[26] Its outcomes served Itelmens as a basis for exploring new strategies for sustainable economic development.

16 http://www.siberian-studies.org/publications/PDF/lcituch.pdf
17 http://www.siberian-studies.org/publications/PDF/khaloimova1999.pdf
18 http:// http://www.kulturstiftung-sibirien.de/itd_E.html
19 http://www.siberian-studies.org/publications/PDF/itelskaz.pdf
20 http:// http://www.siberian-studies.org/publications/films_E.html
21 http://www.siberian-studies.org/publications/PDF/kasten1998b.pdf
22 http://www.siberian-studies.org/publications/PDF/kasten2005a.pdf
23 http://www.kulturstiftung-sibirien.de/ver_417_E.html
24 http://www.kulturstiftung-sibirien.de/ver_421_E.html
25 http://www.siberian-studies.org/publications/PDF/steller.pdf
26 http://www.siberian-studies.org/publications/bika_E.html

The research project on "Ethnicity processes" at the Freie Universität Berlin, funded by The Deutsche Forschungsgemeinschaft (DFG), provided Erich Kasten a first opportunity to conduct fieldwork with Itelmens in Kamchatka from 1993 to 1997. During an initial community meeting at the beginning of that academic project in Kovran in September 1993, Itelmens expressed their strong wish to preserve their endangered language and traditional knowledge, and their concerns about the state of their natural resources. From their incitements first initiatives were soon launched. From this eventually resulted – besides the scientific outcomes of the project – the mentioned community oriented materials and learning tools, as well as this volume.

Erich Kasten, Michael Dürr

Ительменские тексты
Itelmen texts

Uspenskaya, Valentina Ivanovna

"Remembrances of life when I was a child"

Эссо, 24.08.2000

Успенская, Валентина Ивановна

«Воспоминания о моей молодости»

В. И. Успенская, с. Эссо, 24.08.2000

ILC1_1 ‖ 1 › 00:03 ‖ 5 › 0:22 ‖ 10 › 0:50 ‖ 15 › 1:11

1 Кма т'эсхтқукичэн Эсхлэнк, энну ма' Пирожниково.
Мизэн ли ч'иныңлах атнум лқуэн.
Ҳоқэн ли густа кылхэ'н лқуэ'н.
Потом кий тмалк. А кийэнк ныйныл нэњчэ'н.
5 Мизэн қңалос °плах лқуэн.
Исх Беккеров Иван Васильевич, на нысылан.
На лэмқунэ'н вэқањлэ'н, лхмэ'н, мињлэ'н, тса'л.
Потом вэтатқуэн колхозанк, потом совхозанк завскладом.
А лахсх Беккерова Иллария Гаврильевна, по роду Федотова,
10 на лэм вэтатқуэн колхозанк.
Доилқуэн, в полеводстве вэтатқуэн,
потом пикиэн на пенсию.
Мизэн қңалос ли дружной лқуэн.
Ли њињикэ'њч густа.
15 °Плах лылыхл – Евдокия, на ањчпалқуэ'н њињикэ'њч.
Вера лэм ањчпалқуэн.
Қэткин Иннокентий вэтатқуэн в совхозе,
Итх қа'т исхэ'н.
А кэман счас зунсын лылыхл в Тигиле Надежда.

16

1 I was born in Sedanka-Osedlaya, where Pirozhnikovo is.
We had a very beautiful village.
There were a lot of birch-trees.
Also the river was near. There were many fish in the river.
5 Our family was big.
My father was Ivan Vasilevich Bekkerov, he was a hunter.
He hunted bears, sables, hares, foxes.
Then he worked at the kolkhoz, then in the sovkhoz
   as the stockkeeper.
And my mother was Illariya Gavrilevna Bekkerova,
   from the Fedotova lineage,
10 she also worked in the kolkhoz.
She milked cows and worked as a (vegetable) gardener,
and then she retired.
Our family was very close,
there were many children.
15 My oldest sister was Evdokiya, she taught the children.
Vera taught also.
Brother Innokenti worked in the sovkhoz, he was a tractor driver.
They have died already.
And I have a sister Nadezhda who lives in Tigil.

---

1 Я родилась в Седанке-Оседлой, это где Пирожниково.
У нас очень красивое село было.
Там очень много берез было.
Потом речка близко. В речке много рыбы.
5 Наша семья большая была.
Отец Беккеров Иван Васильевич, он охотник.
Он убивал медведей, соболей, зайцев, лис.
Потом работал в колхозе, потом в совхозе завскладом.
А мать Беккерова Иллария Гаврильевна, по роду Федотова,
10 Она тоже работала в колхозе.
Доила коров, в полеводстве работала,
а потом ушла на пенсию.
Наша семья очень дружная была,
очень детей много.
15 Старшая сестра – Евдокия, она учила детей.
Вера тоже учила.
Брат Иннокентий работал в совхозе, он тракторист.
Они уже умерли.
А у меня сейчас живет сестра в Тигиле, Надежда.

«Воспоминания о моей молодости»
(продолжение)

ILC1_1 ‖ 20 › 1:38 ‖ 25 › 2:02 ‖ 30 › 02:20 ‖ 35 › 2:42

20 На лэм вэтаткуэн в совхозе,
   потом в детском садике завхозом.
   А в Петропавловске зунсын лылыхл Ксенья.
   На врач, счас на пенсии.
   А самой уљуљах лылыхл Зина водерэн зунсын омоком кэманк.
25 На эңксхизэн, эннан тха'н эңксхискинэ'н,
   на ка'м лалыках.
   Муза'н … мама … мизэн исх и лахсх нывлскун,
   ка'м ит'э хакаɲлках лкуэ'н.
   Ли ч'инанк нзуɲлкук.
30 Мизэн чикуэн огород °плах, хокэн картофељ, потом репа
   потом турнепс эскузэн водерэн.
   И ещё лкуэн коров,
   потом кэйу'ɲч уљуљаха'н.
   И водерэн муза'н стайка нчисчакучэн,
35 сэна нлэнукучэ'н корова'н.
   Ещё пап'ан лкукинэ'н … исх'эн лкукинэ'н °ксха'н.
   Кма водерэн тлэнукучэ'н эннун °ксха'н.
   Коказокучэн тхаанк опана,
   и' тсивлыкучэн.

20 She also worked in the sovkhoz,
   then as a manager at the kindergarten.
   And in Petropavlovsk lives my sister Kseniya.
   She is a doctor and is now retired.
   And my youngest sister Zina lives with me permanently.
25 She is sick, her legs are crippled.
   She cannot walk.
   We … mama … listened to our father and mother,
   they never quarrelled (with each other).
   We lived very well.
30 We had a big garden, there were potatoes, also beets,
   also turnips growing always.
   And also there were cows,
   and little calves.
   We cleaned the pen
35 and fed the cows with hay.
   Papa had, as well, … father had dogs.
   I always fed these dogs.
   I made sour broth for them,
   hauled water.

---

20 Она тоже работала в совхозе,
   потом в детском садике завхозом.
   А в Петропавловске живет сестра Ксенья.
   Она врач, сейчас на пенсии.
   А самая младшая сестра Зина всегда живет вместе со мной.
25 Она болеет, у нее ноги болят.
   Она не ходит.
   Мы … мама … наших отца и мать слушались,
   никогда не ругались.
   Очень хорошо жили.
30 У нас был огород большой, там картофель, потом репа,
   потом турнепс рос всегда.
   И ещё были коровы,
   потом телёночки маленькие.
   Всегда мы стайку чистили,
35 сеном кормили коров.
   Еще у папы были …, у отца были собаки.
   Я всегда кормила этих собак.
   Варила им опану,
   воду таскала.

«Воспоминания о моей молодости»
(продолжение)

40 Мизэн атнок мил њињикэ'њч вэтаткуэ'н.
 Мил °плаӽа'н лылыхлэ'н Ксенья и Надежда коказоҟузэ'н
 стира'лҟузэ'н, чи'нњылҟузэ'н.
 А кма и' тсивлыҟучэн.
 Потом у'э'н тсивлыҟучэ'н и °ҟсӽа'н тлэнуҟучэ'н.
45 Ӽэнӈэн кэман вэтат исх и лаӽсӽ нытыҟучэ'н.
 Мизэн кийэнк ли густа нэњчэ'н лҟуэ'н.
 Ҟа'т ит' ламл лэатызэн, ҟнэӈ мил ч'амзалэ'н,
 к'э зуњлҟуэ'н Эсхлэнк, пикатызэ'н мэмэ'нк.
 И мэмэ'нк итӽ ивлӽэ'н њэводилҟуэ'н,
50 нэњч њэводилҟуэ'н.
 А йимсхэ'н нэњчэ'н ŏфтҟунэ'н.
 Мама густа нэњчэ'н ŏфтҟунэ'н,
 нозэ'н сҟонэ'н, сољалҟуэн.
 А папа ещё вилвил сҟонэ'н °ҟсӽа'нк.
55 А муза'н, њињикэ'њч, водерэн ийэнк нлҟук.
 То муза'н нэњчэ'н нсивлаҟу'н.
 Потом мауљк'и'њч кийэнк,
 лэм это мауљк'и'њч кийэнк муза'н ловили.
 И водерэн ннуҟук нэњчэл.

40 In our house all children worked.
My older sisters Kseniya and Nadezhda cooked,
did the laundry, sewed.
And I hauled the water.
I hauled firewood and fed the dogs.
45 That was the kind of work father and mother assigned to me.
There were a lot of fish in our river.
When summer comes, all at once all the people
who lived in Sedanka left for their *balagans*
[summer huts raised on pilings].
And at the balagans the men fished with nets,
50 they caught fish with nets.
And the women cleaned the fish.
Mama cut a lot of fish,
made *yukola*, salted them.
And papa made food for the dogs.
55 And we children always were at the water.
We hauled fish.
And the small fry in the river,
we caught the small fry too, in the river.
And we ate fish all the time.

---

40 В нашем доме все дети работали.
Которые большие сестры Ксенья и Надежда они варили,
стирали, шили.
А я воду носила.
Потом дрова таскала и собак кормила.
45 Такую мне работу отец и мать заставляли делать.
В нашей речке очень много рыбы было.
Когда лето придет, сразу все люди,
которые жили в Седанке, уходили к балаганам.
И у балаганов мужчины неводили,
50 рыбу неводили.
А женщины рыбу пластали.
Мама много рыбы пластала,
юколу делала, солила.
А папа еще кислу (кислую рыбу) делал для собак.
55 А мы дети всегда в воде были.
То мы рыбу таскали.
Потом мальков в речке тоже,
мальков в речке это ловили.
И всегда ели рыбу.

«Воспоминания о моей молодости»
(продолжение)

ILC1_1   ‖60›5:00 ‖65›5:17 ‖70›5:46 ‖75›6:17

60 Нозэ'н, йухала ли ч'эвузлах ляуэн.
   Потом килыкил нсқочэн:
   льэңу'њч и нэњчэ'н омоком.
   Муза'н ещё чқлаха'н льиљик'э'њч нтхалқу'н.
   Счас, наверно, хэ'њч мтхăлчэн,
65 а рањше водерэн ннуқук льиљик'эчэл.
   А ит' ламл ляуэн,
   митх нч'э'ляу'н зинк ялэки льэңу'њч нчилқуңэн.
   Мизэн оромхэ'н ляуэ'н.
   Потом муза'н водерэн нлалықук омоком лахсх
70 и митх и густа њињикэ'њч зинк.
   Муза'н хоқэн нчилқуңэн льэңу'њч:
   лэлтхэ'н, потом ийаңочх, потом лы'л.
   И ли посуда ляуэн:
   чуманчики, оромха'н, ач'ала'н
75 – нызуқу'н льэңу'њч.
   А вместо рюкзака ляуэн льэпхэ'н.
   Энну °сыса'ин ска'н.
   Льэңу'њч ляуэ'н ли ныйныл льэңу'њч ляуэ'н.
   Лавал-та муза'н энну льэңу'њч эм летом нтхалқу'н.

22

60 *Yukola* [dried fish], "yukhala", was really good.
Also we made *kirilka*,
from berries and fish together.
We also ate pickled fish heads.
We probably would not eat them now,
65 but in former times we always ate pickled heads.
And when it was summer,
we went with my grandmother to the forest and picked berries.
We had birch-bark dishes.
We used to all go together with my mother and grandmother
70 and many children into the forest.
We picked berries there:
honeysuckle, raspberries, crowberries.
And there were many containers:
chumanchiki, oromkhs and *achals,*
75 (into which) we put the berries.
And instead of a backpack we had baskets [*lepkhe*].
They were made from grass.
There were berries, lots of berries.
For some reason we ate berries only in the summer.

---

60 Юкола, юхала очень вкусные были.
Потом кирилку делали,
из ягоды и рыбы вместе.
Мы ещё сырые головки (рыбьи) ели.
Сейчас, наверно, не съем,
65 а раньше всегда ели головки.
А когда лето было
с бабушкой в лес ходили и ягоду собирали.
У нас берестяная посуда была.
Потом мы всегда ходили вместе с матерью и бабушкой
70 и много детей в лес.
Мы там собирали ягоду:
жимолость, потом княжнику, потом шикшу.
И много посуды было:
чуманчики, берестяная посуда, ачали,
75 во что мы кладем ягоду.
А вместо рюкзака были лепхи (травяные мешки).
Они из травы сделаны.
Ягоды было очень много, ягода была.
Почему-то мы эту ягоду только летом ели.

«Воспоминания о моей молодости»
(продолжение)

ILC1_1   ‖ 80 › 6:41 ‖ 85 › 7:04 ‖ 90 › 7:31 ‖ 95 › 7:55

80 На зиму, видишь, сахар њэту лӄуэн.
    И ӄэчиӄ летом ннуӄук љэӈу'њчэл.
    Мизэн тмалк њэту лӄуэ'н ку'н.
    Видишь, ли мэч'аӄ итх лӄуэ'н.
    Эм исх маачхал схэзйалэн на охоту,
85 хохал т'флатысчиӈнэн ку'н.
    Ҳоӄэн ит'э муза'н нзуњлӄук њэту лӄуэ'н моторка'н, потом машина'н.
    Эм нйэздылӄук °ӄсха'л, зимой °ӄсха'л,
    а летом хтул.
    Пап'ан чиӄукинэн °ӄсха'н, наверно 12.
90 Йаӄ ли ныӄа йэздылӄуэн,
    а летом хту'н.
    А хту'н – нада ӄасха'н парома'л скэс.
    Мил груз с Усть-Тигилья хту'л ивлхэ'н ...,
    ивлхэ'н хту'л нт'ылӄунэн до Эсхлэнк.
95 Ли нура пикиӄузэн с отдыхом.
    Ит' кма уљуљах тлӄукичэн, ли °пэлӄ амӈэ'л илвсӄучэн.
    Ит' вечер лаатызэн лаволатыск уйэрэтэнк или ит' нӑљчатыск –
    мама водерэн или бабушка-митх,
    водерэн лаӄусчиӈнэн разные амӈэла'н.

24

80 In the winter … you see, we had no sugar.
So we really ate berries in the summer.
There were no pine nuts near us.
You see they were very far away.
When father goes hunting somewhere,
85 he brings pine nuts from there.
When we lived there, there were no motors, no cars.
We travelled only by dogsled – by dogsled in the winter,
and in the summer by *bats* [dug-out canoes].
Papa had dogs, probably twelve.
90 And they went very fast,
but in the summer by *bat*.
And *bats* – two were necessary to make paired boats.
All the load from Ust' Tigil' the men …,
the men brought in *bats* to Sedanka.
95 It took a long time with breaks.
When I was little, I listened to stories very enthusiastically.
When the evening came we gathered by the fire or when we lay down
    to sleep,
Mama always or grandmother
always told various stories.

---

80 На зиму, видишь, сахара не было.
И очень летом питались ягодой.
У нас близко не было орех.
Видишь, очень далеко они были.
Когда отец куда-то уедет на охоту,
85 оттуда привезет орехи.
Там, когда мы жили не было моторок, машин.
Только ездили на собаках зимой,
а летом батами.
У папы были собаки, наверно, 12.
90 Очень же быстро ездили,
а летом на бату.
А бата надо два, паром сделать.
Весь груз с Усть-Тигиля батами мужчины …,
мужчины батами привозили до Седанки.
95 Очень долго шли, с отдыхом.
Когда я маленькая была, очень сильно сказки слушала.
Когда вечер станет, усядемся у очага, или когда спать ложились –
мама всегда или бабушка
всегда рассказывали разные сказки.

«Воспоминания о моей молодости»
(продолжение)

100 Муза'н … мизанк лаҟучиҥнэн амҥэл:
Ҟусх̅лнэку манк итх̅ омоком зуньлҟукнэн Миты,
манк Ҟусх̅лнэку льэльк'у'нк интимнэ'ан,
потом манк Ҟусх̅лнэку ли квэтаткнэн т'ылан Миты.
Потом ещё мама водерэн лаҟучин(нэн) амҥэл «Тылвал».

105 Тылвал это … энну ительменский богатырь,
мин зуньлҟуэн Изменояк.
Муза'н ещё уључҟ ит' ма' уљуљаха'н
нлҟук мизэн хэҥнэн ма'йанэ'н,
манк счас чэ'н њэту лҟуэ'н.

110 Эм камушки ма'лҟук,
потом ещё ма'йанэ'н лҟуэ'н,
эҥчис мин тарелка'н разбит илэн,
эннул осколкал и нма'лҟук.
А х̅элучэ'н муза'н нсҟо'н °сыса'ин.

115 А эззанк ли вайма нма'лҟук:
«Прятушки», потом «х̅айэн и … х̅айэн и ҟос –
ҟос и х̅айэн».
А зимой лэҥал и нарталл катались.
Потом ит'э кэман лҟуэн 9 лет, кма школанк пикикичэн.
Хоҟэн т'ансэлҟукичэн.

100 We ... they told us stories of raven [mythical figure called Kutkh]:
How Kutkh lived together with Mite,
how Kutkh was tricked by mice
and how Kutkh got Mite (his wife) to work hard.
Then mother told us also always the story "Tylval."
105 Tylval, he is .... he is an Itelmen hero
who lived at Izmenoi.
We were still little, when we were little,
we had such toys,
ones that no longer exist.
110 Only we played in the *kamushka*,
then there were toys,
like when dishes broke,
we played with those pieces.
And we made dolls from grass.
115 And outside we had a lot of fun playing
"Pryatushki", then "Wolf and ... wolf and reindeer,
Reindeer and wolves."
And in the winter we used skis and sleds.
Then, when I was nine years old, I started school and studied there.

---

100 Мы ... нам рассказывали сказки Кутха.
Как Кутх вместе жил с Митэ,
как Кутха мыши очень сильно обманули,
как Кутх очень работящей сделал Митэ.
Потом ещё мама рассказывала сказку «Тылвал».
105 Тылвал это ... это ительменский богатырь,
который жил у (у горы) Изменой.
Мы ещё маленькие, когда маленькие были
у нас таких игрушек,
какие сейчас есть, не было.
110 Только в камушки играли,
потом ещё игрушки были,
когда тарелки разобьют,
этими осколками и играли.
А куклу мы делали из травы.
115 А на улице очень весело играли:
в «Прятушки», потом «Волк и ... волк и олень.
Олень и волки».
А зимой на лыжах и нартах катались.
Потом, когда мне стало 9 лет, я в школу пошла. Там училась.

«Воспоминания о моей молодости»
(продолжение)

120 Кма до 10 лет т'утуӄук крвәљатки по-русски.
Эм мәзанјхаңык нкрвәљатӄук.
Кәман јӄуэн Валька подружка русская.
И кма әнна тч'эјӄучэн крвәљатки ли јәңӄ,
миј слова русские коверкала.
125 Мизэн зуњјӄуэн эм ительмэна'н,
а ава'њч совсем мало јӄуэ'н только ӄасх, по-моему.
Ӄниң ањчпӄуум муза'н, а ӄулан лечиӄуум.
А да муза'н водерэн тављо'н омоком ч'э'јӄуэн … это …
вот мама … лахсх,
130 исх схэзйатызэ'н хоӄэн тављо'нк,
хохал ӄойачх нт'јатызнэн,
и муза'н потом атнок эйнатизэ'н,
шап ӄойа'ин растелят.
Муза'н миј нјаволатыск вокруг исхэнк, лахсхэнк,
135 и нтхалӄузэн, нӄӧмлоӄуск.
И понта нтхалӄуэн чӄлах. – Ой ч'эвусӄ!
А ӄӧмла'н ли ч'эвузлаха'н.
Папа јатызнэн и давай нталаӄузнэн,
и потом айвай нтхалӄун лэм.

28

120 I could not speak Russian until I was ten years old.
We only spoke our own language.
I had (a friend) Valya, a Russian girlfriend.
I spoke funny to her.
I got the Russian words all turned around.
125 We were only Itelmens living together,
and there were few Russians (Europeans), two perhaps.
One taught us, and the other healed.
And we always (were) together with Koryaks ...
Mama, ... mother
130 and father went to the Koryaks,
and brought reindeer,
and then we, … they get home,
and we prepare the reindeer hide.
We all sit down around father and mother
135 and eat, and eat the bone marrow.
And we ate the liver raw. – Oi, it tasted good!
And bone marrow is very tasty.
Papa takes and prompts us to whack the bones,
and then we ate the brains too.

---

120 Я до 10 лет не могла разговаривать по-русски.
Только по своему говорили.
У меня была Валя, подружка русская.
Я с ней разговаривала очень смешно.
Все слова русские говорила неправильно.
125 У нас жили только ительмены,
а русских (европейцев) совсем мало было, двое, по-моему.
Одна учила нас, а другая лечила.
А мы всегда с коряками вместе …
Вот мама ... мать,
130 отец уедет туда к корякам,
оттуда оленя привезут,
и мы потом домой приедем,
шкуру оленью расстелят.
И мы все сядем вокруг отца и матери
135 и кушаем, комлуем.
И печень кушали сырую. – Ой вкусно!
А мозги костные очень вкусные.
А папа возьмет и давай нам бить (кости),
а потом мозги (головные) ели тоже.

«Воспоминания о моей молодости»
(продолжение)

140 А тҳаанк тављо'нк муза'н нзылқун чай, потом тавок,
потом ещё нерпичий тҳалтҳал,
и шапэ'њч чаут скэс.
Мизэн лэм љқуэн приятели,
к'э обменивались мизанк нзылқунэн.
145 Миӷанэнк чиқуэн приятели.
И как осень қниӈ нсхэзйатыск,
папа схэзйатызэн приятелианк ҳоқэн,
и ҳоҳал эӈқачҳ тӷатысчиӈнэн ч'эвузлаҳ.
Ит' кма уӷуӷаҳ тӷқукичэн,
150 мизэн њэту љқуэ'н крупэ'н: ҳэнӈэн рис или гречка.
Мама водерэн чилқунэ'н эфкэ'н.
Йимсхэ'н пикатызэн зинк
и нӷатызнэн қȯсқȯс
и нэнтҳзоқузнэ'н эфкэ'н.
155 Итҳ ҳаӄ нылқунэн ма' чилкэс эвкэ'н.
Итҳ љэљк'у'н нчилатызнэн
… нора … делать эӷаӄ склад
и густа ит' нчкиатызнэн энну љэљк'у'ин запасы.
И потом нчилқузнэн,

30

140 And to them, to the Koryaks we gave tea, tobacco,
    then also seal meat,
    also hides, to make lassos.
    We also had *priyateli* [trade-partners],
    with whom we traded, they gave us ...
145 Everyone had *priyateli*.
    As soon as it was fall we're off,
    Papa goes there
    and brings something good back.
    When I was young,
150 we did not have today's grains; we ate buckwheat.
    Mama collected *sarana* [black lily root].
    The women go to the forest
    and take with them *koskos* [instrument for digging sarana]
    and look for *sarana*.
155 They knew where they collected *sarana*.
    Mice gather it (*sarana*), ...
    they make a kind of cache
    and there's a lot when the women find them, these mouse caches.
    So then they collect them,

---

140 А им, корякам, мы давали чай, табак,
    потом ещё нерпичье мясо,
    потом шкуры, чаут делать.
    У нас тоже были приятели,
    с кем обменивались, нам давали ...
145 У всех были приятели.
    И как осень, сразу поедем,
    папа уедет туда
    и оттуда что-нибудь привезет вкусное.
    Когда я маленькая была,
150 у нас не было круп таких: рис или гречка.
    Мама всегда собирала сарану.
    Женщины пойдут в лес
    и возьмут коскос (орудие для копки сараны)
    и ищут сарану.
155 Они знали где собирать сарану.
    Они (мыши) насобирают ...
    нора ... делать как будто склад
    и много когда найдут. Это мышиные запасы.
    И потом собирают,

«Воспоминания о моей молодости»
(*продолжение*)

160 но итҳ қа'м ит' мил эфкэ'н лақ.
Надо уључқ хоть љэљк'у'нк … љэљк'у'нк оставить,
а то итҳ исҳалэ'н.
Потом ещё кимчига нчилқунэн.
Только т'утускичэн интфалкас манк мэзанлҳэн лакэс.

165 Энну ли ч'эвузлаҳ,
элақ картофеља'њч уљуљаҳа'н.
Ит'э кма тлқукичэн Ковране,
на Алхалалалае, ҳоқэн ли густа чилқунэн йимсхэ'н кимчига.
Ли ч'инанқ отварить илэн, а … я

170 я ч'эвузлаҳа'н, элақ картофеља'њч уљуљаҳа'н.
Потом водерэн нсқонэн сылқсылқ.
Энну нада нура скэс.
Мизэн митҳ водерэн сқонэн.
Надо ҳоқэн и жир изус,

175 и потом тҳалтҳал, по-моему, уључқ, картофељ,
но кма сейчас т'утуалкичэн лаалки эњқа ҳоқэн надо изус.
Но кма ҳақ исчэн ли нура нада талас
чтобы атхлаҳ лқуэн и ч'эвузлаҳ.
Сылқсылқ водерэн эм ит'э праздника'н лқуэ'н,

32

160 but they never take all *sarana*.
 A little has to be left for the mice ... left for the mice,
 otherwise, they would die.
 Then they also collected spring beauty roots.
 Only I cannot remember what it's called in our language.
165 It's very good,
 like little potatoes.
 When I was in Kovran,
 at Alkhalalalai, there were many women (who) collected
 spring beauty roots.
 They cooked them up very well. And ...
170 good, just like small potatoes.
 Then they always made *tolkusha* [somewhat like pemmican].
 It takes a long time.
 Our grandmother always made it.
 It's necessary to add fat,
175 then meat, then, I think, some potato,
 but now I can't say, what has to put in.
 I'm very sure that it has to be beaten for a long time
 in order for it to become white and tasty.
 Tolkusha was always made for festivities.

---

160 но они никогда всю сарану не берут.
 Надо немного хоть мышам оставить ... мышам оставить,
 а то они умрут (повесятся).
 Потом ещё кимчигу собирали.
 Только не могу вспомнить как по-нашему сказать.
165 Это очень вкусное,
 как картофель маленький.
 Когда я была в Ковране,
 на Алхалалалае там очень много собрали женщины кимчиги.
 Очень хорошо отварили. А ...
170 я, вкусные, словно картофель маленький.
 Потом всегда делали толкушу.
 Надо долго делать.
 Наша бабушка всегда делала.
 Надо жир положить,
175 потом мясо, по-моему немного картофель,
 но я сейчас не могу сказать, что туда надо положить.
 Но я знаю очень, что надо долго бить,
 чтобы белая стала и вкусная.
 Толкушу всегда когда праздники были,

«Воспоминания о моей молодости»
(*продолжение*)

ILC1_1 ‖ 180 › 15:00 ‖ 185 › 15:30 ‖ 190 › 15:54 ‖ 195 › 16:20

180 вон и нскочэн мизэн сылксылк.
Потом ещё льэну'њч нчилатысчэ'н омоком нэњчэ'н.
Потом покрошат уључк
и омоком жир (хамлх) хокэн нынсатысчэн
по-русски – кирилка, мэзанлханык,
185 ой тэнтхакичэн …
лэм ч'эвузлаха'н.
Потом њэлњэл нэњч'ин
муза'н ка'м ит'э сољаљак нылкун.
А водерэн нлатызын и нк'эсхлкун.
190 лэм нтхалкун њэлњэл мин к'эсхлкнэн уључк.
А нозэ'н – водерэн ннукук нозэл,
а…я…я ч'эвузлах! Ли °пэлк нну'аск нозэл.
Кислые головки – к'лч'лэ'н, к'лч'лэ'н вот так нтхалку'н.
И сейчас кма ттхалысчэ'н к'лч'лэ'н.
195 Ит'э Тигиль т'эйэнэтэск, кнэн т'энтхзокусын ма' же
к'эн же чизэн к'лч'лэ'н.
Но теперь мало ч'амзалэ'н к'э тхăлэзнэ'н к'лч'лэ'н или скэзнэ'н.

180 That's when we made our *tolkusha.*
Then we also gathered berries, together with fish.
Then you crumble a little
together with fat, (that) we poured there, you (get)
in Russian *kirilka*, in our language,
185 oi, I forgot, ...
also very good.
Also, fish-roe
we never salted it.
Rather always ... we take and dry it.
190 We also ate dry roe a little.
And *yukola*, – we always ate *yukola*,
... tasty! I would love to eat *yukola*.
Pickled (fish) heads ...
I ate pickled heads.
195 When I arrive in Tigil, I immediately find out where,
or who has pickled heads.
But now, there are few people, who eat or make pickled heads.

---

180 тогда и делали нашу толкушу.
Потом ещё ягоды собирали вместе с рыбой.
Потом крошат немного
вместе с жиром, мы вливали туда, там вы ...
по-русски кирилка, по-нашему,
185 ой забыла, ...
тоже вкусно.
Потом икру рыбную
мы никогда не солили.
А всегда ... возьмем и сушим.
190 Тоже ели икру высушенную немного.
А юколу, всегда ели юколу,
а ... я, я вкусно! Очень сильно хочу есть юколу.
Квашенные головки. «К'лч'лэн ...».
Я ела квашенные головки.
195 Когда в Тигиль приезжаю, сразу ищу где же,
у кого же есть, квашенные головки.
Но теперь мало людей, кто ест или делает квашенные головки.

Zaporotskaya,
Galina Afanas'evna

"Remembrances"
Palana, 05.09.2012

Запороцкая, Галина Афанасьевна

«Воспоминания»
Г. А. Запороцкая, п. Палана, 05.09.2012

ILC1_2 ‖ 1 › 0:03 ‖ 5 › 0:21 ‖ 10 › 0:44 ‖ 15 › 1:19

---

1 Кэмма ттхиӆаскичэн
   ит'э манкэ-та, тсуњӆҟзукичэн А'навак.
   Кэмма Галина Афанасьевна.
   Т'аҳскичэн Сузвайэнк.
5 Лаҳсҳ, ит'э аҳсхкмиӈ
   неделя нсуњӆҟзук.
   Ӆам нсхэззэк А'навакэ.
   Ҳуҟэнэ т'эсҳтэкичэн.
   Самое главное ттхиӆаскичэн исх кэмман,
10 Мэзвинк њэту иҳӆҳ'ин п'эч – инэнк'зуӆкиӆҳ.
   Вмэсто энна кэмма тӆҟзукичэн энк'зуӆкиӆҳ исхэнк.
   Ҳэ њаӈа чизэн – инэнк'зуӆкиӆҳ лаҳсҳ'ан.
   Тлаасчэн кэмма:
   Кэмма ҟу'нэӈэн тӆҟзукичэн к'эсхчом.
15 Т'энк'зуҟзучэн исх,
   ит'э эннанкэ њэкогда ӆҟзувэн.
   Кэмман эннан вэтат тсҟзочэн.
   Вэн њэту у'и'н,
   исх ӆознэн: – К'оӆаӆ ансэ'ӆнох'ал,

36

1   I would like to remember
    that I once lived in Moroshechnoe.
    My name is Galina Afanas'evna.
    I was born in Sopochnoe.
5   When my mother gave birth to me,
    we lived there for a week.
    Then we moved to Moroshechnoe.
    There I grew up.
    The most important part of what I want to say is to remember my father.
10 He had no male child to help us.
    So, instead I was my father's assistant.
    But I had an older sister – she was my mother's assistant.
    I would like to say:
    I was always with my father.
15 I helped my father,
    when he was not around.
    I did his work.
    When we had no firewood,
    my father said, "When you come home from school,

---

1   Я хочу рассказать
    когда-то, я жила Морошечном.
    Я Галина Афанасьевна.
    Я родилась в Сопочном.
5   Мама, когда меня родила,
    неделю там мы жили.
    Потом мы поехали в Морошечное.
    Там я и выросла.
    Самое главное я хочу рассказать, вспомнить о своём отце.
10 У нас не было мальчика – помощника.
    Вместо его я была помощница у отца.
    А старшая сестра есть – помощница матери.
    Хочу рассказать я:
    Я постоянно была с отцом.
15 Я помогала отцу,
    когда ему некогда было.
    Я его работу делала.
    Если нет дров,
    отец говорил: – Придешь со школы,

«Воспоминания»
(продолжение)

ILC1_2   ‖ 20 › 1:44 ‖ 25 › 2:17 ‖ 30 › 2:54 ‖ 35 › 3:31

20 Ӄнаӈ ӄсхэзэхч охотанкэ, у’и’н кт’фӆ’ин,
у’и’н т’фӆас нада кэстанкэ.
Нада-та итχ манкэ-та к’исхӆэс
то ест, нада итχ ӈонкэ ... энтχзу’ӆэс.
Итχ хäнк’исхӆ’ин,
25 Ӆам у’и’н нада улвэс.
Скэс нада мунт’уӈэ’н.
Уӆуӄ лаχсχанкэ, чтобы уйирэт скэс.
Исх лӄзувэн нысылан.
Ӄу’нэӈэн суньлӄзувэн синк.
30 Ит’э кистэнк лӄзузэн, к’олитӄзувэн нэснох’ал.
Кулχэнк капкана’н, энтχзу’ӆ’ин
сипуӄа’нкэ, ӈэӆхэӈкэ
Ит’э халч, нада провэрас капкана’н:
– эӈӄа-то, навэрна, ка’ин.
35 Лэм, послэ обэда, ит’э тк’оскичэн школах’ал,
°Ӄсχо’н ӄ’ат готова лӄзузэн.
Нӄзиск и нсхэзэск провэрас капкана’н.
Триватӄзускичэн, ит’э тэӆчкуӄзусчэн,
т’сал кка’кнэн, ӈэӆэӈӄ кка’кнэн.

38

20 immediately go into the forest and bring firewood,
one must bring firewood home."
It is necessary to dry it out somehow
(and) whatever is there, someone has to pile up.
They first have to dry,
25 then cut the firewood.
One has to cut the dried pieces.
Something for my mother to light the fire in the oven.
My father was a hunter.
He always lived in the woods.
30 When I was at home, he came back from the hunt.
In the tundra, we set up the traps
for arctic foxes, for otters.
When it was time, it was necessary to check the traps,
for something that got caught there.
35 Also, after lunch, when I came home from school,
the dogs were already prepared.
We got ready and went to check the traps.
I was pleased, when I saw
that a fox was caught, an otter was caught.

---

20 сразу поезжай в лес, дрова привези,
дрова привести надо домой.
Надо-то их как-то высушить
то есть, надо их как ... стоя, поставить.
Они пусть сохнут,
25 потом дрова надо нарубить.
Нарубить надо подсушки.
Немного для матери, чтобы огонь-печь разожгла
Отец был охотник.
Постоянно он жил в лесу.
30 Когда дома бывала, он приежал с охоты.
На тундре капканы, мы ставили
для песцов, для выдр.
Когда пора, надо проверять капканы:
– что-то, наверно, попало.
35 Тоже, после обеда, когда я приходила из школы,
собаки уже готовы бывают.
Соберемся и едем проверять капканы.
Я радуюсь, когда увижу,
лиса попалась, выдра попала.

«Воспоминания»
(продолжение)

40 И исх лазнэн: – Ты'ну кнын лӄзакэн,
ӽэ ты'н кэмман ӽăнлӄзувэн лмас
латна!
Ты'ну хаӈклэ.
А ламлэнк лэм ӄу'нэӈэн к'исхчом
45 нэлвэнтзоӄзукичэн.
Кэмма хиӄ т'ылӄзучэн эњчэ'н.
Исх ӄу'нэӈэн ӽынэӄзувэн,
эњчэ'н нада хиӄ элэс,
ит'э манкэнан к'олитӄзузэ'н эњчэ'н.
50 Ит'э ч'увай к'осын,
ӄэк'ф к'осын.
Самой, мин, пэрвой эњч, ты'ну – ӄавач.
Льви ӽынэзэн исх,
нада лэм элкас ӽокэ,
55 чтобы чэлэс – лаӽсӽ, њања, силатумӽ.
Всё ӽокэ мэстанке ӽэнылк,
нада ӄавач энк'звэс.
Исх ӽынэзэн: – Обязательно, чтобы лӄзузэ'н у'э'њч,
у'э'њч кчоњлаӽэ'н.

40

40 And my father said, "this will be yours
   and this will be my catch,
   all right!"
   This was in winter.
   And also in the summer I was always with my father,
45 we went fishing.
   I knew a lot about fish.
   My father always said,
   one must know a lot about fish,
   when which fish is running.
50 When is the run of the humpback salmon,
   the chum salmon.
   The very first one was the smelt.
   Very good, says my father,
   one must also go there,
55 that we are together, mother, older and younger sisters.
   We all go there to that place,
   we have to dry the smelt.
   My father said, "Absolutely, there must be sticks (to string the smelt),
   thin sticks."

---

40 И отец говорит: – Это твоя будет,
   а это моя пусть будет добыча,
   ладно!
   Это зимой.
   А летом тоже постоянно с отцом
45 мы рыбачили.
   Я хорошо знала рыб.
   Отец постоянно говорил,
   рыб надо хорошо знать,
   когда какая подходит рыба.
50 Когда чавыча подходит,
   кета подходит.
   Самая, которая, первая рыба, это – корюшка.
   Очень хорошо, говорит отец.
   Надо тоже идти туда,
55 чтобы вместе – мама, старшая и младшая сестры.
   Все туда, на то место, пойдем,
   надо корюшку сушить (поймать).
   Отец говорит: – Обязательно чтобы были палочки
      (то есть корюшку нанизывать),
   палочки тонкие.

«Воспоминания»
(продолжение)

ILC1_2   ‖ 60 › 5:31 ‖ 65 › 6:09 ‖ 70 › 6:43 ‖ 75 › 7:04

60 Ҳокэ нэснэс ҟавач.
   Ты'ну анок, а ԓам тэнаҟ
   ламԓ, тэнаҟ нк'оскичэн ҟавах'ал
   нузуск хањчкэ или ийанкэ фэкас.
   Пониже кивэнк,
65 чтобы ҳукэ лҟзувэн эњч'ном.
   Целае лэто ҳу тԓҟзускичэн эњч'номанк.
   Лайаҟ кӈалоса'н – ч'оҟ или ч'аҟ кӈалоса'н лҟзузэ'н.
   Ты'нвэ'н – Дьяконова'н, Запороцкоя'н теперь Садовникова'н.
   Ҟу'нэӈэ исх лэм ҳынэзэн:
70 – Кэмманк њэту сила.
   Иҳԓҳин п'эч њэту.
   Вместо иҳԓҳ'ин п'эч кэмман чизин мимсх'ин п'эч.
   – Энк'зузмиӈ ҟу'нэӈэн,
   ламԓ ҳэ хаӈклэ.
75 Ну и вот ттхискичэн исх ҟу'нэӈэн.
   Ҳынэзэн: – Нада эӈҟа скэс.
   Ҟэнк'зумиӈ! Нада нарта брава скэс,
   чтобы хаӈклэ нада ҳэ нарта скэс,
   свободной време лҟзузэн.

42

60 There they hung the smelt on a string.
It was spring, and then again
in summer, we went for the smelt,
we started to float upstream or downstream.
Downstream from the village,
65 to set up the fish camp there.
All summer I stayed at the fishing camp.
How many families were there – probably three or four families stayed
    there.
These were the Diakonovy, Zaporotsky, and also the Sadovnikovy.
My father always said,
70 "I don't have strength.
I don't have a son."
Instead of a son I was his daughter.
"You always help,
in summer and winter".
75 And so I often remember my father.
He said, "One has to do something.
Help! – One has to make the sled well,
that one has to make the sled for the winter,
when there is free time."

---

60 Туда нанизать корюшку.
Это весной, а потом опять
летом, опять приходим с корюшки
начинаем в верх (по реке) или вниз реки плыть.
Ниже реки (от села),
65 чтобы там была рыбалка.
Целое лето там я бывала на рыбалке.
Сколько семей (там было) – три или четыре семей бывали.
Это – Дьяконовы, Запороцкие, даже Садовниковы.
Постоянно отец также говорил:
70 – У меня нет силы.
Сына нет.
Вместо сына я была дочь.
– Помогаешь постоянно,
летом и зимой.
75 Ну и вот часто вспоминаю отца.
Говорит: – Надо что-то сделать.
Помоги! Надо нарту хорошо сделать,
чтобы к зиме нарту надо сделать,
когда свободное время бывает.

«Воспоминания»
(продолжение)

ILC1_2 ‖ 80 › 7:38 ‖ 85 › 8:04 ‖ 90 › 8:33

80 Энна ҳынэзэн: – Ит'э кэмма кистэнк қа'м лкақ,
лаҳсҳ мэл қэнк'зусх.
Қтымплэ'сх и', у'э'н қ'улвэсхэ'н.
Да и қулан, эӈқа лаалчиӈнэн.
Кэмма ку'нэӈэн тлқзукичэн к'исхчом.
85 Ку'нэӈэн ттхискичэн, ма' бы тлқзускичэн.
Кэмма аньчпқзолмэӈ манкэ эӈқа скэс.
Ҳынэзэн: – Кэмман ньэту иҳлҳин п'эч.
Кэзза лқзуч, кэмман п'эч иҳлҳ'ин,
и лаҳсҳ энк'зуқзун.
90 Ну лаҳсҳ энк'зулқзувэн ньаньа Зоя.
Нух кэмман тхэлном кэмман исхк'ит.

44

80 He said, "When I am not at home,
help your mother well.
Haul water, cut firewood."
Yes, and more, he said.
I was always close to my father.
85 I always recall, where I would be.
He taught me how I had to make something.
He said, "I have no son
you are my son,"
and I helped my mother.
90 Well, my sister Zoia helped my mother more.
These are my memories of my father.

---

80 Он говорит: – Когда меня дома не бывает,
маме хорошо помогайте.
Воду носите, дрова рубите.
Да и другое, что скажет.
Я постоянно была рядом с отцом.
85 Постоянно вспоминаю, где я была.
Меня он учил как что-то делать.
Говорил: – У меня нет сына.
Ты была моим сыном,
и маме помогала.
90 Ну матери больше помогала сестра Зоя.
Вот мое воспоминание о моём отце.

Zaporotskii,
Georgii Dmitrievich

"Remembrances from village life"
Kovran, 14.09.1997

**Запороцкий,
Георгий Дмитриевич**

«Воспоминания»
Г. Д. Запороцкий, с. Ковран, 14.09.1997

ILC1_3 ‖ 1›0:05 ‖ 5›0:18 ‖ 10›0:42 ‖ 15›1:03

1 Ит'э ты'н љҡзувэн, нсуњљҡзукичэн муза схлэ атналк.
Кэмма уљљуљаӽ тљҡзукичэн.
Исхэнк чиҡзувэн нарта.
Исх кэмма чэ'љҡзузэмнэн ипљӽэ'сх сч'элнокэ.
5 Ңу'нум – ањчпҡзувэмнэн кэмма љвакас °кэҡсӽоլ.
Кэмма уљљуљанк т'узукичэн сч'элкас °кэҡсӽоլ °финнатլ.
Тгхискичэн, ит'э энна кэмма чэ'љҡзувэмнэн корака'нкэ табунанкэ.
Кэмма схлэ ҡа'м ансэ'լкаҡ тљҡзукичэн.
Нэ'н хиҡаҡ т'ысчэн манкэ муза нйэздэлҡзукичэн.
10 Тгхискичэн эм йуртэ, табун °плаӽ куլӽэнк љҡзувэн.
Кэмманкэ љви хиլива љҡзувэн тӽи'инк.
Кэмма тэլчкуҡзучэн манкэ итӽ сунсы'н йуртэнк,
эњҡа нч'элҡзузнэн, манкэ нӊитэзнэ'н ҡзо'н.
Муза нк'оլкичэн тӽэ'анкэ ҡорэмэтнокэ.
15 Тӽэ'анкэ исх т'флчиӊнэн лыл лахтака'ан чаута'сх, ҡзо'н энкэткас,
куլх лахтака'ан эчэӊэ'сх °схо'нкэ.
Тэвут тгхискичэн, манкэ уж тхунк'и,
ит'э нувэ'н ӽоլа'њч эч'эլлаҡзувэ'н
кфтикнэн эм кҡуваլ °ксху'нլ,

46

1 It was, when we lived in the village (Moroshechnoe).
I was little.
My father had a dog-sled.
My father used to take me along as a companion on his travels.
5 At the same time he taught me how the dogs should be handled.
I was still young when I began to travel by dog-sled on my own.
I remember how one day he took me with him to the Koryaks
    at a reindeer camp.
I had not yet started school.
I don't now remember where we went.
10 I only remember that the yurt and the camp were located in a huge area
    of tundra.
It was very interesting with them for me.
I saw how they live in the yurt,
what work they do and how they take care of the reindeer.
We went to them for reindeer meat [lit: provisions].
15 For them my father brought seal thongs for lassos, to lasso reindeer,
and seal hide for the soles of fur boots.
And I remember also how, as soon it started to get dark,
the young people ate, and then having taken off clothes
except for trousers and boots.

---

1 Это было, когда мы жили в селе (Морошечное).
Я был маленьким.
У отца была нарта.
Отец меня часто брал напарником в своих поездках.
5 За одно учил меня обращению с собаками.
Я еще маленьким начал ездить на собаках самостоятельно.
Вспоминаю, как когда-то он меня брал к корякам в табун.
Я тогда еще не учился (в школе).
Сейчас я не помню куда мы ездили.
10 Помню только, что юрта и табун находились на большой тундре.
Очень интересно было у них мне.
Я смотрел как они живут в юрте,
чем они занимаются, как они охраняют оленей.
Мы приехали к ним за оленьим мясом.
15 Для них отец привез ремень лахтака для чаута – оленей ловить,
шкуру лахтака на подошвы торбазам.
Ещё вспоминаю, как, только стемнело,
молодые ребята, они поели, разделись
остались только в штанах, торбазах,

«Воспоминания»
(продолжение)

20 хумстқзувэ'н эззанкэ, узукзувэн лэтэказ.
°Хийақ лқзувэн лэӽлкас тӽэ'анкэ эззанк клқэйӈэ'н лқзувэн.
Кқэ'ныкнэн, кч'ач'ақзокнэн, итӽ чэқзувэ'н йуртанкэ.
Тэнақ чай'акзувэн, крвэлхэтқзувэн.
Тхатхаск кэмма т'узэнхкичэн итэ итӽ литықзузы'н
25 – тӽэ'анкэ қӓ'тх традиция.
Муза тӽи'инк нлхикичэн.
Азоск муза атхнэњчк нэйэнкичэн атнокэ.

20 They went outside and began to wrestle.
It was frightening to watch them – it was extremely cold outside.
Exhausted and red, they came inside the yurt.
And they drank tea again and chatted.
Later I understood that wrestling was for them
25 like a tradition.
We stayed overnight with them.
The next day we returned to the village during daylight.

---

20 вышли на улицу, начали бороться.
Страшно было смотреть на них – на улице очень холодно было.
Уставшие, покрасневшие, они заходили в юрту.
Снова они пили чай и разговаривали.
В последствии я вспоминал – что бороться было у них,
25 как традиция.
Мы у них переночевали.
Назавтра мы засветло вернулись в село.

Khaloimova,
Klavdiya Nikolaevna

"The village Sopochnoe"
Palana, 17.09.2012

Халоймова,
Клавдия Николаевна

«Село Сопочное»
К. Н. Халоймова, п. Палана, 17.09.2012

без звука / no audio

1 Тлаχл̣кичэн ну' ч'инэӈч'энэӈкэ – фл̣лаχ коткотанкэ: қыχ!
   – К'анкэ энна, ну' ч'инэнч'инэӈ?
   Манкэ ч'амзанла'н кмэч'кнэ'н?
   Ит'э ӈу'н атном Сузвай л̣қзу'ин.
5 Ӈу'н ч'амзанла'н мича суӈл̣қзувэ'н.
   Лус мил манкэ кмэч'кнэ'н!
   Касχ °касоӈанкэ кистэ'н тχзуқзувэ'н.
   Кӓннэнк итχэнк котлаχ ивлаχ усх (эззан).
   Эннанк кст'ват'ин қтχӓсχчаχ.
10 Тмал ч'иникэ'ҥч эсхтэзэ'н.
   Схлэ эӈқан стэклала'н, трактора'н, машина'н қа'м л̣қзувэ'н.
   Қа'м атл̣элки нл̣алэқзук.
   Корова'н, коњьа'н эм ухтэ'нк л̣алэқзувэ'н анок, ламл, ктхлэнк.
   χанклэ'нк °қэксχол сч'элқзувэ'н.
15 Итэнмэ'н суӈл̣қзувэ'н қа'тх эвун ч'амзанла'н суӈл̣қзувэ'н эззанк:
   қа'тх қэт'анан итэнмэ'н, минэ'н ӈэтэқзувэ'н мил эӈқа эззанк:
   вырникэ'н – мињьл̣э'н, л̣хмы'н, мэт'ск'э'н, қтэпа'н, қыχ'ин вырникэ'н;
   сэӈзокила'н – қсы'н, мэсху'н, рэвнэ'н, қ̌ӱнхсэ'н,
   Эњчэ'н л̣вал̣аӈа'н: қэқ̌фэн, қэвӱчэ'н, кэзвэзэ'н, ч'у'н.

50

1 I look at this beauty – green open space: the sea!
For whom is it, this beauty?!
Where have the people disappeared to?
Once, there was a village here.
5 Here people lived amicably.
Suddenly all have disappeared somewhere.
On both sides stood houses.
In the middle of them was the street,
Behind it a trodden path.
10 Flowers grew nearby.
Then there weren't tractors, cars or glass.
We went barefoot.
The cows and horses went only in spring, summer, and in the fall into
    the woods.
In winter we travelled on dog sled.
15 The Itelmens lived by the law of nature,
as the ancestors of the Itelmens lived, who protected all that was in nature:
The wild animals – hares, sables, bears, snow sheep, marine animals;
the birds – geese, swans, wood grouses, partridges;
Various fishes – chum salmon, humpback, coho, king salmon.

---

1 Смотрю я на эту красоту – зелёный простор: море!
– Кому она, та красота?
Куда люди исчезли?
Когда-то здесь было село.
5 Тут люди жили дружно.
Вдруг все куда-то исчезли.
На две стороны дома стояли.
Посреди них улица,
По ней тропинка протоптана.
10 Цветочки рядом растут.
Тогда никаких стёкол, тракторов, машин не было.
Босиком мы ходили.
Коровы, кони только в лесу ходили весной, летом, осенью.
Зимой на собаках ездили (передвигались).
15 Ительмены жили по законам Природы,
как жили предки ительменов, которые берегли всё в природе:
Зверей – зайцев, соболей, медведей, горных баранов, морских зверей;
птиц – гусей, лебедей, глухарей, куропаток;
Рыб всяких – кеты, горбуш, кижучей, чавыч.

«Село Сопочное»
(продолжение)

без звука / no audio

20 Ч'амзанла'н тэлвэчқ суњлқзувэ'н: элвэнтзоқзувэ'н кивэ'нк, қыхэнк;
нэска'лқзувэ'н: мэт'ск'энтқзувэ'н, эйањлқзувэ'н.
Клфањч'а'н – ихлхэ'н, њымсхэ'н, исхэ'н –
энксхлэқзувэ'н њэњсхч'анкэ, п'энкэ ласт соњлкас, вэтатказ.
Вэтатқзувэ'н хақ тэлвэ њэњсхч'э'н.
25 Энэнк'зо'лқзувэ'н клфањч'а'н ч'амзанкла'нкэ тэмплказ эњчэ'н
ахтномкэ,
Анок мэсхсэ'н чилқзувэ'н, усхк'эл, мт'уњэ'н, улвэқзувэ'н итх.
Ламл қтықзувэ'н мэлқэв.
Њонкэ эк' ањчпқзувэ'н њэњсхч'э'н соњлкас.

20 People lived tranquilly, fished in the rivers, on the sea;
   they hunted in the woods for bears, on the sea for marine animals.
   The elders – men, women, parents –
   showed the children how to live, to work.
   The children also worked.
25 They helped the older people: hauled fish to the place where it was
      processed, collected kindling, and cut dried kindling.
   In the spring they collected long-rooted onion.
   In the summer – berries.
   Whatever there was – they learned to live on.

---

20 Люди спокойно жили, рыбачили в реках, на море;
   охотились в лесу на медведя, на море – на морских зверей.
   Старшие – мужчины, женщины, родители –
   показывали детям, как жить, работать.
   Даже дети работали.
25 Они помогали старшим: таскали рыбу на место обработки,
      собирали щепки, подсушки (растопки) рубили.
   Весной собирали черемшу,
   Летом – ягоду.
   То есть – учились жить.

Pravdoshina,
Lyudmila Egorovna

"Kutch and Miti"
Tigil' 30.08.1997

Правдошина,
Людмила Егоровна

«Кутх и Мити»*
Л. Е. Правдошина, с. Тигиль, 30.08.1997

*транскрипцие и дословный перевод: Л. Е. Правдошина и В. В. Рыжков

ILC1_4 ‖ 1 › 0:00 ‖ 5 › 0:24 ‖ 10 › 0:45 ‖ 15 › 1:19

1 Ит’ ӄа’та энну кјӄзукнан њэт эӈӄа кјӄзукнан.
Эм ӈэйэ’н йэмэлӄэн ӄых кјӄзукнан ли °плэх.
ӄа’м к’э зуњјкаӄ кјӄзукнан.
Ӈэйэ’н ли °пэлӄ кфчитӄзукнан.
5 Ит’э итх кфчитӄукнан
ванкыӈ тхым ӄэсчханк ли °плэх т’имт’им к’эсӄзукнан.
Кохэ’н хкалаха’н ксиӈӄзукнан
ли ӄӑ’тх ӄа’т вимјх’ин ӈэйи’н синэх ли °пэлӄ кч’уфјӄзукнан.
Сэмтчах лэм ли °пэлӄ кч’уфјӄзукнан.
10 И ит’э эну’н кохэ’н тсилаатэзы’н узуај пињјфатэзы’н энун ч’фјкэс
ӈэйэ’н.
Сэмтчах љви гладкой лэатэзын ӄа’м эӈӄа хокан эскаӄ јӄзузын.
Эм эну и’ скатэзын љви эмчӄ сӄзозын
эну хак и’ эӈӄа эмчӄ сӄзозын и эну водичка плохо пахнет.
ӄуӈэј’ин крас љви пэлӄ ӈэйэ’н кохэ’н ткиллызны’н
15 а уж т’ит’им эсэзын ли °плэх.
Кохэ’н хоӄун тсэлызы’н хкалаха’н ӄӑ’тх вимјхэ’н эннун ӈэйэ’н миј
кјва’ныкнын
ит’э хэйныӈ к’лэкнын
ӄӑ’тх сэмтчах ху минэн њэт эӈӄа кјӄукнан эјаӄ њэту кјӄукнан.
Сэных ит’э ӈэйэ’н хајч ли °пэлӄ энну кохэ’н ткэлӄзузнын

54

1 Once upon a time, there was nothing.
   There were only mountains, tundra and the big sea.
   Nobody lived (here).
   The mountains breathed very heavily.
5 When they breathed,
   very thick smoke came out and went up to the sky.
   Hot rocks flew (around),
   and the already very fiery mountains heaved (up and down) heavily.
   And the land also heaved heavily.
10 And when these rocks fell down, the mountains ceased to heave.
   The earth became very flat, nothing stuck up there.
   Only the water had a very bitter smell,
   somehow it smelled bitter, the water smelled bad.
   All the time, the mountains threw very big rocks,
15 and also very thick smoke emerged.
   The rocks fell down there as hot as fire, all the mountains fell over.
   When this happened,
   the earth was as if there had never been anything.
   When the mountains threw up these rocks very strongly,

---

1 Когда-то ничего не было.
   Только горы, тундра и море большое были.
   Никто не жил.
   Горы очень сильно дышали.
5 Когда они дышали,
   наверх к самому небу очень большой дым выходил.
   Камни горячие летали очень,
   как будто уже огненные горы очень сильно вверх и вниз двигались
   и земелька тоже сильно вверх и вниз двигались.
10 И когда эти камни падали, заканчивают эти горы вверх и вниз
       двигались.
   Земелька очень гладкая становилась, ничего оттуда не выходило.
   Только эта вода становилась очень горько пахнущей,
   какая-то горько пахнущая эта водичка, плохо пахнет.
   Каждый раз очень большие горы камни бросали,
15 а уж дым выходил тоже очень сильно.
   Камни там падали горячие как огни, горы все обвалились.
   Когда такое случилось,
   как будто земля там стала, как будто никогда ничего не было.
   Когда горы пора очень сильно эти камни бросали,

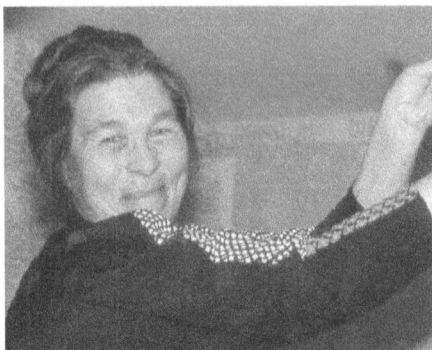

«Кутх и Мити»
(продолжение)

ILC1_4   ‖ 20 › 1:44 ‖ 25 › 2:18 ‖ 30 › 2:47 ‖ 35 › 3:09

20 т’иӄзузын ӄыхчах ли эй °пэлӄ эӆаӄ ч’инайнаӄузын и’ миӆкит
   сэмтчханкоӈ.
   Твиэӄзузнын да эӆаӄ чӈэвӆитӄзузын и’чах
   эм твиэӄзузын ли °плэха’н эӈӄа скатэзын
   и энну сэмтчах то энну сажа ӆэн тхнуатэсчэн эзаатызэн
   миӆанкаӆин ктвэлах ӆэатызын.
   И вот вуну ӄуниӆиӈ крас ӈэй’энчах энну кӆва’ныкнын
25 сэмтанкоӈ и тхэйныӈ к’лэкнын эӆаӄ вуну њэт эӈӄа ӈэйэ’н к’лэкнын.
   Кк’оӆкнын манхал та ксхускнын Кутх и кӆаволкнын ну’н ӈэйӈэ
   ӆазын и эӆьчкузын хоӄун ӄыханкоӈ эӈӄа та эӆьчкуазын
   эӆьчкуазнэн.
   К’э ну Кутхан ин љано’њч °плэха’н ли мэч’аӄ эӆьчкускинэн.
30 Эӆьчкузын хоӄун ӈэйэнхал эӆьчкузын
   эӈӄа эӆьчкуазын
   инсхи кэӆьчку’ин ин хуӄан йимсхчах твисчэн ӄыхэнк
   ли °пэлӄ и прямо ӆхазын йимсхчах.
   Кутх ли °пэлӄ эӆьчкузын энна хаӄ иснэн ӄа’т энна эннан Миты.
35 Энна эннан ӈыч.
   Кӆалӄзукнан кэӆьчкуӄзукнан ли ӄэчиӄ
   потом на кэӆьчку’ан энну ӄа’т ӆхазын.
   Ксыӈкнын хоӄун. К’иӆкнын ӄыханкоӈ.
   Энну йимсхчах нын кӆи’ин вонкун.

56

20 the sea boiled up very strongly and so moved towards the land.
   The water flowed together and, quarreling,
   made itself very big,
   and the earth was filled with soot and it made everything black.
   And then, once the mountain had fallen over
25 the earth was as if nothing had been there.
   Kutkh appeared from somewhere and sat down on the mountain,
   sat and looked out to sea as if he wanted to see something,
   as if he wanted to see somebody.
   Kutkh had big eyes with which he saw very far.
30 He looked from the mountain, he looked,
   he wanted to see something,
   and suddenly he saw a woman on the surface of the sea,
   she was drowning.
   Kutkh paid close attention and knew already that it was his Miti,
35 his (future) wife.
   He went close and looked very closely,
   then he saw that she was already drowning.
   He flew to her. He arrived at the sea.
   He took the woman right away.

---

20 море очень сильно как будто кипели и из-за этого на землю
      надвигалось.
   Да как будто вода вместе собиралась, сталкивалась
   и становилась очень большой,
   и этаеемелька сажей наполнялась и всё становилось чёрным.
   И вот однажды горочка обвалилась
25 и такое стало на земле, как будто ничего не было.
   Пришёл откуда-то, появился Кутх и сел тут на гору,
   сидел и смотрел туда, на море как будто что-то хотел увидеть,
   как будто хотел кого-то увидеть,
   у Кутха глаза большие, очень далеко видят.
30 Смотрел туда с горы, смотрел,
   что-то хотел увидеть,
   вдруг увидел женщину на воде в море,
   очень по-настоящему тонет.
   Кутх очень хорошо видел, знал уже, это его Мити.
35 Она его жена.
   Ходил, смотрел, очень хорошо,
   потом увидел, она уже тонет.
   Полетел туда. Пришёл на море.
   Только женщину взял вот так.

«Кутх и Мити»
(продолжение)

40 И кэнтхлақзукнан ин э'лонкоӈ.
Эм сисил эннаӈл и а'энк ктэлқзу'ан йимсхчаҳ.
Син кти'нул нин кин танақ сисил и'лунэзын к'инси'ин ҳоқун
ӈэйанкоӈ.
Эннан йимсхчаҳ нин кэнзол'ан
энну Миты ксолқзукнан қа'м эӈқа ҳақ исчэн кйилкэӈзукнан Миты.
45 – Илфсэсч?
Йақ кза йолкисч?
Мити квилкэӈзукнан уснула она без сознания клқзукнан.
Кутх клақукнан кэлчқзу'ан – Ээ ч'инэӈлаҳ Мити.
Кэльчкуқзу'ан ин ли қэчиқ на к'уруаткнын.
50 Та вун Митин ваатэринк хтаанк квилкэӈзукнэн.
Квилкэӈзукнэн сис эна ты'ну к'энк'ола'ин
вотх'ал млим вискинэн воткун Митэнкоӈ хтанк льанэнк вискинэн.
Мити эну хқалаҳа'н млимэл воткун вискинэн вуну к'эсхликнэн.
К'эсхликнэн кэлку'ин ин Миты Кутх лазын.
55 Кэльчкуқу'ан ин больше ӈэту к'э эм қыҳ да энну Кутх.
Миты °кк'энизикнын эм ты'ну Кутх ӈаачил зунсын.
Кма эннан ӈыч наверно.
На кэман ин к'энсиӈ қиҳаҳал.
Клаволкнын и кэльчку'ин ин сис эннан кэнк'ол'ан

58

40 He hauled her to shore.
He embraced the woman with his wings
and deposited her with his wings there on the mountain.
He laid the woman down,
Miti lay there unconscious, Miti slept.
45 "Can you hear (me)?
Are you sleeping already?"
Miti fell asleep, slept, she was without consciousness.
Kutkh sat down, began to look at her, "Yes, beautiful Miti."
He looked very carefully, became tired.
50 Here on Miti's breast he began to sleep.
He slept, but his wing was broken,
blood trickled from it onto her, dropped on Miti's eyes.
Miti woke from the hot blood.
Woke up, and saw Kutkh sitting.
55 She began to look around, nobody else was there, only the sea and Kutkh.
Miti thought, (if) she and Kutkh might live together.
"I could probably be his wife."
He brought me in from the sea.
She sat down and noticed that his wing was broken.

---

40 Понес женщину на берег,
только крыльями своими женщину толкал,
вытряхнул её крыльями своими туда на гору.
Свою женщину положил.
Мити лежала без сознания, спала Мити.
45 – Ты меня слышишь?
Ты спишь?
Мити спала, уснула она, без сознания была.
Кутх сел, стал смотреть на неё «Да красивая Мити».
Смотрел он очень хорошо, устал,
50 да тут у Мити на груди стал спать.
Спал, а крыло его поломанное,
оттуда кровь вытекала на глаза Мити текла.
Мити от горячей крови проснулась.
Проснулась, увидела Кутх сидит.
55 Стала смотреть, больше нет никого, только море да Кутх.
Мити подумала, только этот Кутх один живёт.
Я его жена, наверное.
Он меня принёс из моря.
Села, увидела, крыло его поломано,

«Кутх и Мити»
(продолжение)

ILC1_4 ‖ 60 › 5:02 ‖ 65 › 5:31 ‖ 70 › 5:46 ‖ 75 › 6:06

60 клʼиʼин ин кʼимкʼим вотхал ивлах ктхункнын
   энну сис нин кʼомтʼин гладилқзуʼан ин Кутх гладилқуʼан Кутх.
   Потом ктаволкнан и хтаанк Кутх кйилкақзукнан
   нура кйилкақзукнан қаʼм әңқа әнмисақ кʼилқзуʼан.
   Инсхэ кʼэсхликнын Кутх и Миты омоком.

65 Кутх қныӈ кхэнэқзукнан:
   — Миты энну кза кәман тыʼн сис омтэ?
   — Энну °кмәлвин Миты тʼомтчэн Кутха тʼомтчэн.
   — И әңқанэсх хэйну кза скэн?
   Қныӈ Миты кхиныкнан:

70 — Кза кма қыхаҳал әнтсум кма вилах тлхақукичэн
   хэйнэкит кнын тыʼну сис тʼомтчэн.
   Энну нада вон скэс кза за кма әнтсум
   кма лэм кнын сис әңқа ну тʼомталчэн.
   Кза всожа қʼлэхч.

75 Кутх қныӈ кхэнэқукнан:
   — Миты, қэлну қаʼм лхулақ исин ли чʼинэӈлахаʼн кмэʼн
   и кза тыʼну тхунқзузч нвэʼн кәман сис омталқзун.
   Миты кхэныкнын:
   — қаʼм әңқа лхулақ Кутха тʼисчэн.

60

60 She took long hairs from her head, pulled them out,
   wrapped the wing, and began to caress Kutkh.
   Then she embraced (him) and Kutkh began to sleep.
   They slept for a long time, nothing disturbed them.
   Then Kutkh and Miti woke up together.
65 Kutkh immediately said,
   "Miti, did you wrap this around my wing?"
   "Yes, I, Miti, wrapped this myself, I wrapped Kutkh."
   "And why did you do so?"
   Miti answered directly,
70 "You hauled me out of the sea (when) I was drowning,
   so I wrapped your wing.
   This had to be done, you hauled me out
   and somehow I wrapped your wing.
   You must recover fully."
75 Kutkh immediately began to say,
   "Miti, don't you feel really bad for the very beautiful hairs
   that you have pulled out to wrap my wing?"
   Miti said,
   "It doesn't matter, I don't feel bad for them, Kutkh.

---

60 взяла волосы из головы длинные, вытянула,
   крыло обмотала, стала гладить Кутха.
   Потом обняла и здесь вместе с Кутхом стала спать.
   Ничего им не мешало.
   Потом проснулись Кутх и Мити вместе.
65 Кутх сразу сказал:
   – Мити, это ты моё крыло перевязала?
   – Да я сама Мити перевязала, Кутха перевязала.
   – И зачем так ты сделала?
   Сразу Мити сказала:
70 – Ты меня из моря достал, я тонула,
   поэтому твоё крыло перевязала.
   Это так надо делать, ты же достал меня,
   тоже твоё крыло как-нибудь перевязала.
   Ты всё же выздоравливай.
75 Кутх сразу стал говорить:
   – Мити, неужели не пожалела очень красивые волосы,
   и ты их вытянула, чтобы моё крыло перевязать.
   Мити сказала:
   – Ничего не жалко для Кутха.

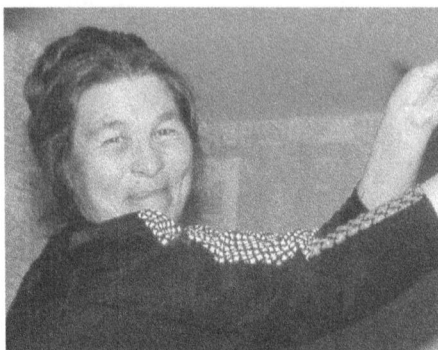

«Кутх и Мити»
(*продолжение*)

ILC1_4   ‖80›6:23 ‖85›6:44 ‖90›7:04 ‖95›7:30

80 Кза ли нкэтвулкэн кза ли ч'инэӈлах кза миӆ эӈӄа хаӄ исчэн.
   Эӈӄанэсх кма кмэ'н кэман тӆхулаӄзучэн.
   Итх ли ч'иӈаӄ танаӄ к'ансолкнын уйэкэн ли ч'иӈаӄ
   тхиин ктозоӄзо'ан потом кйилкэӄзукнан.
   Потом итх кхэныкнын:
85 – Лучше мэннаӆхк да мэнзуӈӆӄзук омоком.
   И к'илфчакнын.
   И кзуӈӆӄзукнан ли ч'иӈаӄ.
   Миты водерэн кроваӄзукнан, кроваӄзукнан
   ли ӈыӈыӆ ӆхэмӆхэм нин к'энсхт'ин
90 энну'н галгат ӄныӈ к'энсхт'ин энну черэмша нын к'энсхт'ин.
   Ли ӈыӈыӆ њиӈикэ'њч к'энсхт'ин.
   Њиӈикэ'њч сэных к'эсхтыӄзукнан ӄныӈ и кпикиӄукнан атнохал
   то ксиӈӄзукнан кпикиӄукнан
   и Миты энну ли °пэлӄ ктэйэнӄукнан њэњэка'њчкоӈ и кхэнэӄукнан:
95 – Њиӈикэ'њч тэнсхтысчэн итх миӆ пикизы'н пикизы'н кэманхал
   кма ӄа'т тт'эйэнискичэн Кутхай тэӈӄсхискичэн.
   Потом Миты к'исхкнын.
   Кутх нын Миты сэмтчханк нын кзэл'ин и ли °пэлӄ Кутха
     ктэйэнӄзукнан.
   Эннун стойбищанк ма' итх кзуӈӆӄзукнан ксэӈзоӄзукнан
     ксэӈзоӄзукнан.

80 You are very strong, very beautiful, you know everything.
Why should I regret losing a few hairs?"
Again, they embraced each other very warmly,
caressed each other tenderly, and then fell asleep.
Then they said,
85 "We'd better go ahead and marry, yes, we will live together."
And they agreed.
And they began to live very well.
Miti gave birth repeatedly,
she bore very many sables,
90 bore birds, bore long-rooted onion.
She bore very many children.
The children grew up and soon left home,
they flew away, went away
and Miti wept wholeheartedly for her children and said,
95 "I have borne the children, and then all left, went away from me,
I long (for them). Kutkh, I am sick."
Then Miti died.
Kutkh laid Miti on the ground and Kutkh mourned deeply.
He began to fly over the camp where they had lived.

---

80 Ты очень сильный, очень красивый, всё знаешь.
На что мне свои волосы жалеть.
Они очень хорошо опять обнялись
и очень ласково друг друга гладили, потом уснули.
Потом они сказали:
85 – Лучше давай женимся, да будем вместе жить.
И согласились.
И стали жить очень хорошо.
Мити всё время рожала и рожала,
очень много соболей родила,
90 птиц родила, черемшу родила.
Очень много детей родила.
Дети вырастали, сразу уходили из дома,
улетали, уходили,
и Мити очень сильно грустила по детям и сказала:
95 – Детей рожаю, они все уходят, уходят от меня,
я тоскую, Кутха, я болею.
Потом Мити умерла.
Кутх Мити в земельку положил и очень сильно Кутх стал тосковать.
Над стойбищем, где они жили, стал летать.

«Кутх и Мити»
(продолжение)

100 Потом ксиӈӄзукнан ма'ланк йэмэлкоӈ
     щас крикнешь ма'ланк йэмэлкоӈ ксиӈӄзукнан
     и ли мэч'аӽал ли ванк ӄэсчӽанк ккэлӄзукнан.
     Как он кричал? Кутх как кричал? – ӄэээ, ӄэээ, ӄэээ.
     Ли °пэлӄ ктэйэнӄзукнан ӄа'м к'энк на лмалӀи илаӄ.
105 Эм энна њињикэ'њч на кэљчкуӄу'ан ли энну к'ирэчилӀ
     хи кэљчкуӄзу'ан исх тӽиин ӽоӄан ванк ӄэсчӽанк сэӈзоскипинэн.
     Эм исхэнк ӽаӄ нисчэн энна њињикэ'њч.
     А њињикэ'њч схик кэнтхва'ан что энну эннан исх эннан лаӽсӽ
        клӄзукнан.
     Кэнтхва'ан тӽиин энна тӽиин родители.
110 Йаӄ туза'н ӽаӄ иссх лэм тызвин лаӽсӽ и исх.
     Всё.

100 Then he began to fly very far away into the tundra.
He flew croaking very far away into the tundra,
and he croaked from very far away from up in the sky.
How did he croak? How did Kutkh croak? – "Keee, keee, keee."
He began to yearn so much, nobody heard from him.
105 His children looked at him from the side.
They looked, their father flew up in the sky above them there.
Only the father knew his children.
But the children had forgotten who their father and mother were.
They had forgotten their parents.
110 But do you know your Mama and Papa?
That's all.

---

100 Потом стал летать очень далеко в тундру,
сейчас каркнешь, очень далеко в тундру стал летать
и очень издалека вверху в небе каркал,
как он каркал? Кутх как каркал? – кэээ, кэээ, кэээ.
Очень сильно стал скучать, никто его не узнавал.
105 Только его дети на него смотрели искоса,
смотрели, отец их там наверху в небе летает над ними.
Только отец знал своих детей.
А дети забыли, что это их отец и (их) мать были.
Забыли они своих родителей.
110 Вы же знаете своих маму и папу?
Всё.

Ivashova,
Agrafena Danilovna

"Tylval"
(Sedanka-Osedlaya), Tigil' 30.08.1997

**Ивашова,
Аграфена Даниловна**

«Тылвал»

А. Д. Ивашова, с. Тигиль, 30.08.1997

ILC1_5 ‖ 1 › 0:03 ‖ 5 › 0:25 ‖ 10 › 0:46 ‖ 15 › 1:13

1   Ит' ӄа'та вањч кийэнк кзуњлӄукнэн ч'амза'л.
     Ӄнињанк семьянк кзуњлӄукнэн ифлӽ да йимсхчаӽ.
     Ӄа'т в летах к'лэкнэн, а њињикэ'њч тӽиин њэту клӄзукнэн.
     И ӄунэлэн йимсхчаӽ кӽэныкнэн ифлӽэнк:
5   – Мизэн њињикэчӽ лӄзаалэн.
     Ифлӽчаӽ ли °пэлӄ к'вэӈкэйкнэн. Йаӄ ӄнэӈ кӽэныкнэн:
     – Ӄэлну лылэ мизэн њињикэчӽӽ лӄзаалэн?
     Йимсхчаӽ кӽэныкнэн: – Лыли нэ лӄзаалэн мизэн њињикэчӽ.
     Время прошло и кк'олкнэн,
10 йимсхчаӽ к'ынсхтын'ын п'эч ифлӽ'ин и к'очинтх'ин «Тылвал».
     Тылвал ли ныӄа к'узукнэн ӄнэӈ эсӽтки.
     Ли ныӄа ксклавуљатӄзукнэн.
     Исхэнк и лаӽсӽэнк ли ч'инаӈӄ к'инэк'зулӄукнэн.
     Но ли ныӄа ксклавуљатӄзукнэн.
15 И ӄунэлэн тӽиинк атнок у'э'н кпыњлфкнэн.
     И лаӽсӽ эннанк кӽэныкнэн:
     – Кза бы нэ зинк ӄлалычиӈнэн да у'э'н ӄт'флчиӈнэн.
     Тылвал ӄнэӈ: – Счас нэ тт'флалкичэн.
     Ӄнэӈ ли ныӄа ксхэллаӄзукнэн.

66

1 A long time ago there were people who lived at the upper reaches
   of the river.
   In one family there lived a man and a woman.
   Many years had passed already, but they had no children.
   Then once, the woman said to the man:
5 "We are going to have a child."
   The man was very happy and said:
   "Really, is it true that we are going to have a child?"
   The woman said: "Yes, it's true, we're going to have a child."
   Time passed and it happened,
10 the woman gave birth to a son and they called him "Tylval."
   Tylval at once began to grow very rapidly.
   He ran very fast.
   He helped his father and his mother very well.
   And he ran very fast.
15 Once the firewood at home ran out.
   And his mother said to him:
   "You could go to the forest and bring back firewood."
   Tylval answered: "Right away, I'll bring some."
   At once he ran away very swiftly.

---

1 Давно в верховьях реки жили люди.
   В одной семье жили мужчина и женщина.
   Уже в годах стали, а детей у них не было.
   И однажды женщина сказала мужчине:
5 – У нас ребенок будет.
   Мужчина очень сильно обрадовался и сразу сказал:
   – Неужели правда у нас ребенок будет?
   Женщина сказала: – Правда, будет у нас ребенок.
   Время прошло и пришло,
10 женщина родила сына и назвали «Тылвал».
   Тылвал очень быстро начал сразу расти.
   Очень быстро бегал.
   Отцу и матери очень хорошо помогал.
   Но очень быстро бегал.
15 Однажды у них дома дрова закончились.
   И мать ему сказала:
   – Ты бы в лес сходил да дрова принес.
   Тылвал сразу: – Сейчас принесу.
   Сразу очень быстро побежал.

«Тылвал»
(продолжение)

ILC1_5 ‖ 20 › 1:33 ‖ 25 › 2:00 ‖ 30 › 2:25 ‖ 35 › 2:44

20 Ксхэллакнэн, зинк кк'оҵкнэн, энну [...] у'э'н ли ныӄа кчилкнэн,
к'аачанк нэ к'узу'ин и эм склав атноӈ кпикикнэн.
Атноӈк пока склаваӄзукнэн
да ли ныӄа ҵэӄ ну у'э'н миҵ кузукнэн лукиҵ к'аачанк.
Миҵ нэ кистэнк атноӈк нэ просты зитҵп'к'улэ'н т'фҵкнын.
25 Лаҳсҳэнк ҟнэӈ кҳэныкнэн:
– Кма нэ кнанк водерэн тҳэныскичэн: заӄ ныӄа ҵалыкаӄ ӄсэхч.
– Миҵ опять у'э'н [..т'.] к'энлуҵ'ин, к'аач ны к'энлуҵ'ин свой.
Ну Тылвал на ли здоровой ҵӄукнэн, ли ныӄа миҵ эӈӄа соза клэкнэн.
Опять теперь лаҳсҳ к'эӈсхӄукнэн и лаҳсҳ эннан кҳэныкнэн:
30 – А я...я... ли °пэлӄ валвачиҵ тнуаскичэн.
Кза бы ӄйэздыҵчиӈнэн, эӈӄану,
на устья бы ӄҵалычиӈнэн да и кулика'њч бы кэманк т'фҵчиӈнэн.
Тылвал нэ кҳэныкнэн: – Счас нэ тҵалааҵкичэн.
Ҟнэӈ ли ныӄа кпикикнэн и кк'оҵкнэн.
35 И тых тҳаанк т'энӈаҵатыскинэн эннун эм чэӄоҵэ'њч валвачи'ин.
Лаҳсҳ эннанк кҳэныкнэн:
– Кза опять эм склав кк'оҵкнэн,
мича валва'њч ману к'энфҵат'ан эм чэӄоҵэ'њч т'фҵкнын
ит' и ҵэӈлааҵч ли ныӄа склавоҵатки, надо тэльвуӄ ҵалэӄзуки.

68

20 He ran into the forest, very quickly gathered the firewood.
He put it on his back and just run home quickly.
He ran home,
so quickly, the firewood even began to burn on his back.
He brought home only coals.
25 His mother said at once,
"I always tell you: 'Don't go so fast.'
Again, the firewood burned up, and you burned your back."
Tylval was very strong, he did everything very quickly.
Now again his mother became ill and she said:
30 "I very much want to eat duck.
You could go,
to the coast and bring me sand pipers."
Tylval said: "I'm going now."
He at once very quickly left and returned.
35 Only heads of ducks was all that was left hanging
His mother said to him:
"You again only come on the run;
you ruined a bunch of good ducklings; you bring only heads,
it's time to stop running so fast and walk quietly."

---

20 Убежал в лес, пришел эти дрова очень быстро собрал,
на спину положил и только бегом домой побежал.
Домой пока бежал,
да очень быстро, даже дрова все начали гореть за спиной.
Все домой простые угли принес.
25 Мать сразу сказала:
– Я же тебе всегда говорю: "Не надо быстро ходить".
– Все опять дрова пожег, спину сжег свою.
Ну Тылвал очень здоровый был, очень быстро все зажило.
Опять теперь мать заболела и мать его сказала:
30 – А я очень сильно утку есть хочу.
Ты бы съездил, как его,
на устье сходил и куликов бы мне принес.
Тылвал сказал: – Сейчас схожу.
Сразу очень быстро пошел и пришел.
35 И вот здесь висели эти только головки уточек.
Мать ему сказала:
– Ты опять только бегом пришел,
хорошие уточки где-то уронил, только головки принес,
когда перестанешь очень быстро бегать, надо тихо ходить.

«Тылвал»
(продолжение)

40 Но Тылвал всё равно манк нэ кⱡалэӄзукнэн, вонк и кⱡалэӄзукнэн.
Дивно кзуњⱡалакнэн эннун селонк, ма' итҳ кзуњⱡӄзукнэн.
Ли °пэлӄ к'узукнэн голодова'ⱡки.
И исх Тылваланк кҳэныкнэн:
– Кза бы зинк ӄⱡалычињнэн да вэӄањⱡ ӄⱡэмчињнэн.
45 Ӄнэњ энну Тылвал кҳэныкнэн: – Счас нэ тⱡалааⱡкичэн.
Кпикикнэн. Дивно погодя ӄа'т уж ч'эзын опять кистэнк.
Исх эннан ҳэныскинэн: – Кза манҳал?
– Зинҳал.
– Йаӄ вэӄањⱡ эњӄа ⱡэмчињнэн?
50 – Тⱡэмкичэн, нэ тыхтыну дворанк нэ сын.
– Эњӄа дворанк?
– Ҳы нэ дворанк т'омтчэн.
Ӄнэњ исх эззанк ккэмсткнэн и кэльчкунэн вэӄањⱡэ'н
ли ч'инањӄ ӄӑ'тх ӄсҳо'њⱡэн ... кпызыкнэн.
55 Исх ӄнэњ нын оч'ин ч'амзала'н, ипⱡҳэ'н свой
и кⱡэм'ан энну вэӄањⱡа'н, минэн Тылваланк т'фⱡкнын.
Миⱡ село к'нукнын,
миⱡананк ӄзылытын тҳалтҳал вэӄањⱡ'ан
и опять снова узукнэн ч'инањӄ зуњⱡки.

70

40 But Tylval all the same kept on going as he had been going.
They lived through a lot in this village where they lived;
they began to starve.
And Tylval's father said:
"You could go to the forest and kill a bear."
45 At once Tylval said: "I'm going now."
A little later he's already coming in.
His father says to him: "Where did you come from?"
"From the forest."
"And did you kill a bear?"
50 "Killed one; it's in the yard."
"What's in the yard?"
"There in the yard, I tied it up."
His father went outside at once and sees bears
tied, very well, like dogs in a team.
55 His father at once called people, his friends,
and they killed these bears that Tylval had brought.
The whole village ate,
they gave the bear meat to everyone
and again they started to live well.

---

40 Но Тылвал все равно, как ходил так и ходил.
Много пожили в этом селе, где они жили очень сильно
стали голодовать.
И отец Тылвалу сказал:
– Ты бы в лес сходил, да медведя убил.
45 Сразу этот Тылвал сказал: – Сейчас схожу.
Немного погодя уже заходит опять домой.
Отец его говорит: – Ты откуда?
– Из лесу.
– А медведя, что, убил?
50 – Убил, вон на дворе есть.
– Что во дворе?
– Вон во дворе привязал.
Сразу отец на улицу вышел и видит медведей
очень хорошо, как собачонки привязанные.
55 Отец сразу позвал людей, друзей своих
и убили этих медведей, которых Тылвал принес.
Все село поело,
всем дали мясо медвежье
и опять снова начали хорошо жить.

«Тылвал»
(продолжение)

ILC1_5 ‖ 60 › 4:26 ‖ 65 › 4:45 ‖ 70 › 5:02 ‖ 75 › 5:23

60 Ну и ӄа'т кпəлсикнэн Тылвал.
Эннан лаӽсӽ кӽэныкнэн:
– Кза бы нэ ӽаљч кӈаӆхчхэн, музан ӄа'т ли старые нт'лэск,
да и папа ӄа'т манк хэнохотйэӆэн.
Да кма слепой нэ т'лэскичэн. Манк мч'энӈэласхин туза'н двое?
65 Ӄнэӈ Тылвал нэ кӽэныкнэн:
– Кма нэ тӈаӆхаӆкичэн, только к'энк?
А лаӽсӽ кӽэныкнэн: – Ӄа'т невеста йэпх нтчкикичэн кнанк.
– Нада йэздыӆкас, сватаӆкас.
И ӄнэӈ ксхэзыкнэн ӽы Воямполканк
70 и ӽоӄэн йимсхчаӽ тављо'ан тӽиин кли'ин,
мин ли ч'инаӈӄ кч'инӈыӆӄзукнэн, ли ч'эвусӄ ккоказокукнэн
ли ч'инаӈӄ крэпӄзукнэн.
И энну Тылваланк ӄнэӈ ли ч'инаӈӄ лэм к'эӆч'к'зуан
и к'эӆфчакнэн к'ӈаӆхкнэн.
75 И кт'фӆкнэн энну йимсхчаӽ атноӈ
и кзуњӆӄзукнэн ӽоӄэн, дружно кзуњӆӄзукнэн.
Но йимсхчаӽ всё равно кӽэныкнэн Тылваланк:
– Давай энну муза'н њаачиӆ мзуњӆӄзук.
А синэх Тылвал кӽэныкнэн:

60 Well, Tylval had grown up.
His mother said to him:
"It's time for you to get married; we've become very old.
How can your father hunt?
And I've become blind, how can I sew both your clothes?"
65 Tylval said,
"I'd like to get married, but to whom?"
And his mother said: "We've already found a bride for you.
We have to go and propose."
They went right away to Voyampolka
70 and there selected a Koryak woman.
She sewed beautifully, cooked very delicious food
and sang very beautifully.
And Tylval immediately liked her very much
and agreed to marry.
75 He brought this woman home
and they lived there, they lived amicably.
The woman said to Tylval anyway,
"Let's live together."
But Tylval said,

---

60 Ну и уже вырос Тылвал,
его мать сказала:
– Ты бы пора женился, мы уже очень старые стали,
да и папе как охотиться,
да и я слепой становлюсь, как вас двоих обшивать?
65 Тылвал сказал:
– Я бы женился, только кого взять?
А мать сказала: – Уже невесту нашли тебе.
– Надо съездить, посвататься.
И сразу поехали туда в Воямполку
70 и там женщину корякскую у них взяли,
которая очень красиво шила, очень вкусно варила.
Очень красиво пела.
И эта Тылвалу сразу очень понравилась тоже
и согласился жениться.
75 И привез эту женщину домой
и жили там, дружно жили.
Но женщина все равно сказала Тылвалу:
– Давай мы одни поживем.
А Тылвал сказал:

«Тылвал»
(продолжение)

ILC1_5 ‖ 80 › 5:42 ‖ 85 › 5:57 ‖ 90 › 6:18 ‖ 95 › 6:51

80 – Кэман нэ бабу'њч ли старые, манк итҳ омзос?
На кҳэныкнэн:
– Муза'н тҳаанк нэ нт'јалыҟзаӆк,
нт'эӆьчкуҟзуаӆин, нт'нык'зуаӆҟзаӆк.
Тылвал кҳэныкнэн: – Ну счас пойду места т'энтҳзоҟаӆчэн.
85 Ну и ҟнэӈ кпикикнэн кэӆьчку'ин
и кчкикнэн места тыхт Ҟувсиск уӆучҟ вањчк
и хоҟэн уӆуӆаҳ ӈэйањчаҳ кчкикнэн, ли удобной места.
Ҟнэӈ хоҟэн йуртэ' кск'ан. И потом ӈыч хоҟэн т'фӆкнын.
Кҳэныкнэн: – Хтаанк и нзуњӆҟаӆк.
90 И хуҟэн и к'узукнэн зуњӆки.
Тылвал всё вонк же к'элант'зоҟукнэн и к'охотиӆҟукнэн.
А йимсхчаҳ летом ...
Саланк к'энтаҟзукнэн хоҟэн, ӆьэӈу'њч кчилҟзукнэн.
Ҟунэӆэн хоҟ к'энтакнэн,
95 кэӆьчку'ин ч'амзањӆҳ ли ч'инаӈҟ тҳзускинэн, эннанк кэӆьчкускинэн.
На ли ктылӆхкнэн йимсхчаҳ,
а синэх энну ч'амзањӆҳ эннанк кҳэныкнэн:
– Заҟ тылфӆкаҟ, ҟэӆну ҟа'м ӆинхпыкаҟ исум?
Ҟнэӈ йимсхчаҳ эӆьчкунэн

74

80 "My parents are very old; how can I leave them?"
  She answered,
  "We'll visit them,
  watch over and help."
  Tylval said: "Okay I'm going to look for a place."
85 He went to look
  and found a place a little above Kuvsiskh
  and there found a small hillock, a very good place.
  He made a yurt at once and then brought his wife there.
  He said: "We'll live here."
90 And there they began to live.
  Tylval netted fish there and hunted.
  And the woman in the summer ...
  she went across the river in a dugout boat and gathered berries.
  She always went there
95 and saw a very handsome man looking at her.
  The woman was frightened.
  This man said to her:
  "Don't be afraid, don't you know me?"
  The woman looked more closely

---

80 – Мои родители – очень старые, как их оставить?
  Она сказала:
  – Мы к ним ходить будем,
  смотреть будем, помогать будем.
  Тылвал сказал: – Ну сейчас пойду, место поищу.
85 Ну и сразу пошел смотреть.
  и нашел место – вот Кувсисх немного выше
  и там маленькую сопочку нашел, очень удобное место.
  Сразу там юрту сделал и потом жену туда привез
  и сказал: – Здесь и будем жить.
90 И там и начали жить.
  Тылвал все там же неводил рыбу и охотился.
  А женщина летом ...
  за рекой переплывала (на бату) туда ягоду собирала.
  Всегда туда переехала,
95 увидела человека, очень красиво стоит и на нее смотрит.
  Она очень испугалась женщина,
  а этот человек ей сказал:
  – Не бойся, неужели не узнаешь меня?
  Сразу женщина посмотрела очень внимательно,

«Тылвал»
(продолжение)

100 ли ҟэчиҟ, энну мэхну тχиин эннан сосед, маҟот кзуњлҟзукнэн.
Энну ҟнэњ кχэныкнэн: – Ласт кза зунсч?
– Да кма нэ ч'инаҗҟ тзунскичэн, Тылвал тч'эсчэн,
только ли °пэлҟ тэйэҗискичэн атноҗк.
Ҟнэњ эннун кχэныкнэн: – Пойдём нэ энну мсхэллак атноҗк?
105 А на χэныч: – Кма нэ χэ'њч Тылваланк ныҗҟсиумк.
– А если на нэҗҟсиаҗумк всё равно лукаҗ мэйэм нэ нҗотзоаҗум,
нутуаҗк манк схэллакааҗки.
А синэх энну ифҗχ кχэныкнэн:
– А кза нэ ҟк'оҗхч и энну лукаан тетива уҗуҟ нэ к'эмпχалах
110 и утуаҗэн җотзоаҗки.
Ну йимсхчаχ ҟнэњ к'райткнэн атноњ назад.
Тылвал атнок. Тылвал ҟа'т кк'оҗкнэн элантзоχал и кχэныкнэн:
– Χоҟэн нэњчэ'н тт'фҗкичэн, нада эфтэс.
А синэх внэто к'ураткн'н ли °пэлҟ.
115 И ҟнэњ энну йимсхчаχ кχэныкнэн:
– Кза, ну наверно, уратч,
эҗк'и нэ сперва ҟ'нухч, ҟ'илхч, ҟч'айазохч, ҟйэлҟэтыхч уҗучҟ,
а энну потом омоком мыхтын.
Ҟнэњ Тылвал к'элфчакнэн, к'яҗчкнэн и к'йэлҟукнэн.

76

100 and it appeared that it was her former neighbor.
He said: "How are you living?"
"Yes, I'm living well, together with Tylval.
Only I miss home very much."
The man said: "Let's go, run home."
105 But she said: "Me, no. Tylval won't let me go.
And if he did let me go all the same he would shoot arrows at me heavily.
we can't run off anywhere."
The man said:
"You come and cut the bowstring some
110 and he won't be able to shoot."
Now the woman headed home at once.
Tylval was at home, he had already arrived from netting fish. He said:
"There are some fish I brought; they need to be cleaned."
He was very tired.
115 The woman said:
"You are probably very tired.
Eat first, drink, have some tea and sleep a little.
Then we'll both clean the fish together."
Tylval agreed, lay down and slept.

---

100 это оказывается их сосед, который жил.
Этот сразу сказал: – Как ты живешь?
– Да, я хорошо живу, с Тылвалом вместе,
только очень сильно скучаю по дому.
Сразу этот сказал: – Пойдем, убежим домой.
105 А она сказала: – Я, нет. Тылвал не отпустит.
– А если и отпустит, все равно луком сильно выстрелит в меня,
не сможем никуда убежать.
А этот мужчина сказал:
– А ты приди и у лука тетиву немного подрежь
110 и не сможет выстрелить.
Ну женщина сразу домой отправилась, домой назад.
Тылвал дома, Тылвал уже пришел, неводил и сказал:
– Там рыбу привез, надо выпластать.
А он-то устал очень сильно.
115 И сразу эта женщина сказала:
– Ты ну, наверно устал,
уже сперва поешь, попей, почаюй, поспи немного,
а это потом вместе выпластаем.
Сразу Тылвал согласился, ложился и заснул.

«Тылвал»
(продолжение)

ILC1_5 ‖ 120 › 8:34 ‖ 125 › 9:07 ‖ 130 › 9:30 ‖ 135 › 9:42

120 А йимсхчах̄ синэх эззанк к'истꝁнэн,
нырвуꝁэн ваљч нын кљи'ин и к'ынлꝁнэн эннанк лукэнк
и к'эмпх̄алаан тетива.
Ну и опять йуртэнк кч'эꝁзукнэн.
Тылвал энну йэлꝁызэн,
125 а йимсхчах̄ к'ч'экнэн, снова эннанк к'ыꙻлꝁнэн
и ли ч'инаꙻꝁ кљаволкнан, ꝁӑ'тх ли ꝁа'м эꙻꝁа скан.
И потом ит' энну снова Тылвал к'эсхљикнэн
и кпикикнэн тнумк эх̄тном,
миљ тх̄иин нэњч'э'н к'эфтнын.
130 Тылвал кх̄эныкнэн: – Х̄аљч нэ мрайтꝁзуск.
Йимсхчах̄ кх̄эныкнэн.
– Кма нэ х̄э'њч,
ещё кийэнк хтаанк тполоскаалчэн х̄ы ну ул̃ул̃ах̄а'н вещички.
Ꝁнэꙻ энну Тылвал: – Ну кма пойду атноꙻк.
135 Кпикикнэн атнок.
А синэх йимсхчах̄ ли ныꝁа ꝁнэꙻ тх̄тымэнк снова кљаволкнан
и ли ныꝁа к'энтакнэн х̄авнэнк береганк.
Х̄оꝁэн ифљх̄энк тх̄иинэнк нкзусчэн.
Ꝁнэꙻ ли ныꝁа кљаволкнэн тх̄тымэнк и квиꝁзукнэн.

78

120 But the woman went outside,
 took a sharp knife
 and cut the bowstring.
 Then she went back into the yurt.
 Tylval is sleeping
125 and the woman went up to him again, walked up
 and sat quietly as if she had done nothing.
 Then, when Tylval woke up
 and went below where the fish were cut,
 he cleaned all their fish.
130 Tylval said: "It's time, let's go home."
 The woman said:
 "Me, not now,
 I'm going to rinse these little things in the river."
 Tylval said: "Well, I'm going home."
135 He went home.
 The woman very quickly sat in the boat
 and quickly traveled to the other side.
 The man was waiting for her there.
 They both very quickly sat in the boat and set off.

---

120 А женщина на улицу вышла,
 острый нож взяла
 и начала подрезать у его лука тетиву.
 Ну и опять в юрту зашла.
 Тылвал спит,
125 а женщина зашла снова к нему, подошла
 и очень хорошо села, как будто ничего не сделала.
 И потом, когда снова Тылвал проснулся
 и пошел вниз, где разделывалась рыба,
 все их рыбу выпластал.
130 Тылвал сказал: – Пора домой вернемся.
 Женщина сказала:
 – Я нет,
 ещё в речке здесь прополоскаю эти маленькие вещички.
 Сразу Тылвал: – Ну, я пойду домой.
135 Ушел домой.
 А женщина очень быстро сразу на бат,
 и очень быстро переехала на другой берег.
 Там мужчина ее ждал.
 Сразу очень быстро сели в бат и поплыли.

«Тылвал»
(продолжение)

140 А Тылвал нэ в это время к'илфсин к'эну илывэнызэн,
к'эну ҳтым илывэнызэн.
Әззанк ккэмсткнэн,
кэљчкукнэн ӈыч саҟну ифлҳ ч'эснэн вики кийэнк.
Ҟнэӈ к'узукнэн кэлки: – Ну-ка назад ҟк'олхч! Манк схэзизч?
145 А йимсхчаҳ ҟа'м к'олкаҟ назад скинэн.
Тылвал в это время ҟнэӈ нэ ксхэллакнэн наҟа атнок,
к'ынлфкнэн лук нын лин.
Ҟунэмх кљоталҟзукнэн,
натянуть нын илин лук, только натягивать к'илэн,
150 ҟнэӈ тетива кпхэкнэн.
Тылвал ҟнэӈ ҳаҟ нын т'илкнэн – эннан ӈычэнк на т'интэмныан.
Ксалыкнэн, йэпх, ҟунэл ҳоҟэн тнумк.
Кий же ли ныпулаҟэн, к'утукнэн ли нура тҳзоалки и чанзос итҳ.
Назад кпикикнэн, ванк к'эвскнэн.
155 Уљуҟ потом кзуӈлалакнэн эннун ӈэйэмчҳан тҳиин кистэнк
и кпикикнэн (эӈҟану) атноӈ.
Атноӈ кк'олкнэн маҟот эннан бабучҳ, дедючҳ кзуӈлҟзукнэн.
Аљхчат к'узу'ин кпыӈлоатыс: – Ма' кэман исх и ма' кэман лахсҳ?
Әннанк кхэныкнэн: – Итҳ нэ ҟа'та исхэн.

80

140 At the same time, Tylval heard that someone was working with the paddles
someone is poling a boat very hard.
He went outside
and saw that his wife was traveling along the river with some man.
He cried out: "Hey there, come back! Where are you going?"
145 But the woman doesn't go back.
Tylval ran home,
took his bow intending to shoot;
drew the bow
but just as he started
150 the bowstring broke.
Tylval at once figured out that his wife had deceived him.
He ran down below (to the river bank).
The river was very deep and he could not stand long and catch up
    with them.
He went back, climbed up
155 and lived at this place a bit,
then he went home.
He arrived home where his old father and mother lived.
He began asking, "where are my father and my mother?"
They told him: "They died long ago.

---

140 А Тылвал в это время услышал кто-то вёслами работает,
кто-то в бату честится.
На улицу вышел,
увидел жену с каким-то мужчиной, вместе плывут по реке.
Сразу начал кричать: – Ну-ка назад приди! Куда едешь?
145 А женщина не идёт назад.
А Тылвал в это время сразу побежал быстро домой,
взял лук хотел выстрелить,
натянул лук
только натягивать
150 стал, сразу тетива оборвалась.
Тылвал, он сразу узнал, что его жена обманула.
Скатился, правда, туда вниз.
Река же очень глубокая, не смог очень долго стоять и догонять их.
Назад пришел, наверх поднялся,
155 немного потом пожил в этом месте
и ушел домой.
Домой пришел, где его бабушка и дедушка жили.
Начал спрашивать: – Где мой отец и где моя мать?
Ему сказали: – Они давно умерли.

«Тылвал»
(продолжение)

ILC1_5 ‖ 160› 11:33 ‖ 165› 11:54

160 – Кза нэ всё нкзуӄзуин, нкзуӄзуин, тэвут вонк и нэ исхэн.
Тылвал ли °пэлӄ ктэйиӈӄзукнэн.
И ещё ӄасх или ч'оӄ ӄлхлэ'н нын атнок кзоӈлалакнэн
и ӄунэлэн клиӈлэ ктknan и кпикикнэн ӈэйанк
и больше ӄа'м к'энк ит'э на элчӄук илан.
165 А энну места, маӄот на эннан ӈычэнк предат к'илин,
энну места с той поры нот'зосчэн Изменной.

160 They waited and waited for you and died waiting."
     Tylval was deeply saddened
     and stayed two or three days in the village.
     One night he got up and went to the hilltop
     and no one ever saw him again.
165 And this place where his wife betrayed him,
     this place has since that time been called "Betrayal."

---

160 — Тебя все ждали, ждали, так и умерли.
     Тылвал очень сильно заскучал
     и еще два или три дня в селе пожил
     и однажды ночью встал и ушел к сопкам
     и больше никто никогда его не видел.
165 А это место, где жена его предала,
     это место с той поры называют «Изменной».

Khan,
Vera Innokent'evna

"Karalka" *
Kovran 30.06.1998

Хан,
Вера Иннокентьевна

«Каралка»*
В. И. Хан, с. Ковран, 30.06.1998

* как рассказывала Слободчикова Екатерина Степановна, с. Хайрюзово, 1946 г.

ILC1_6   ‖ 1 › 0:03 ‖ 5 › 0:27 ‖ 10 › 0:55 ‖ 15 › 1:20

1 Ксуњљӄзукнэ'н Кутх эк Митэ.
  Тхи'инк лӄзувэ'н касӿ п'э'н: Эмэмӄут эк Синањэвт.
  Уљљуљахa'н п'э'н лӄзувэ'н. Исхэ'н љви нлфталатнэ'н п'э'н.
  Кутх вечно ӄыӿэнк эк синк промысљайӄзунэ'н.
5 Митэ кистэнк убэра'лӄзунэн, ккукэӄзукнэн, кլэнӄзукнэн њэњсхч'э'н.
  Ӄун Митэ утре ласчињнэн Кутхэнкэ:
  – Заӄ ты'ну ӄլӿлэнк манкэ иլкаӄ ӄсэхч.
  Кэмма љви хэӄэ трэтлакичэн.
  Кутх ӄa'м илфскаӄ Митэ, эвун иլин охтанкэ.
10 Митэ кистэнк ккукэкнэн иլӄ, кскнэн ли'лум.
  Хоровал кэстанкэ эњӄа љањэ кч'экнэн;
  сфу'н, урваӄ чӄлахэ'н лӄзувэ'н.
  Митэ тэњлаӿ њымсх лӄзувэн, ӄнањ эњлалэн эк кլинну'ин, чайаլ
  кӄэскнэн.
15 – Ӄоլ кэмманкэ эњӄа тхлкнэн,– лознэн љањэ.
  – Нух новой урваӄ, сфу'н – ӄтхлихи'н,– лознэн Митэ.
  – Бравой кэмма хэ'њч мтхлаլкичэн,– лознэн љањэ.
  – Ăњӄанкит? – лэњллознэн Митэ.
  – Кэмман кистэнк птос новой одэзда'н чизин,

1 There once lived Kutkh and Miti.
They had two children: Ememkut and Sinanewt.
They were small children and their parents loved them very much.
Kutkh always hunted at sea and in the forest.
5 Miti kept house, cooked and took care of the children.
One morning Miti says to Kutkh:
"Don't go anywhere today.
I had a very bad dream."
Kutkh did not listen to Miti and went to the forest anyway.
10 Miti, at home, made soup and *kirilka*.
Suddenly a girl came in;
her boots and her shirt were wet.
Miti was a kind woman
and at once sat her down, fed her and gave her tea.
15 "Give me something to wear," the girl said.
"Here's a new shirt, boots – put them on," said Miti.
"I won't put on good things," the girl said.
"Why?" Miti asked.
"I have a lot of new clothing at home;

* *as told by Ekaterina Stepanovna Slobodchikova, Khairyuzovo, 1946*

1 Жили Кутх и Миты.
У них было двое детей: Эмэмкут и Синаневт.
Маленькие дети были. Родители очень любили детей.
Кутх всегда на море и в лесу охотился.
5 Миты дома убиралась, варила, следила за детьми.
Однажды Миты утром говорит Кутхе:
– Не надо сегодня никуда ходить.
Я очень плохой сон видела.
Кутх не послушался Миты, всё равно ушёл в лес.
10 Миты дома сварила суп, сделала кирилку.
Вдруг домой какая-то девушка вошла,
торбаза, рубаха на ней были мокрые.
Миты добрая женщина была,
сразу посадила, накормила и чаем угостила.
15 – Дай мне что-нибудь надеть, – говорит девушка.
– Вот новая рубашка, торбаза, надевай, – сказала Миты.
– Хорошее я не надену, – сказала девушка.
– Почему? – спросила Миты.
– У меня дома много новой одежды,

«Каралка»
(продолжение)

20 кнын новой урваӄ кэмманкэ?
— Эвун ӄтхлих!
— Хэ'њч мтхлалкичэн, ӄол нух ты'н кнын урваӄ!
— Ты'н урваӄ ӄа'т старой сын.
— Эвун хэ'њч мтхлалкичэн новой.
25 Ӄол нух ты'н кнын урваӄ эк плат, – кхаӄањлкнэн льаӈэ-т'улӿ.
Митэ кэнзу'ин эч'элилкас.
Льаӈэ хоровал поланк сап кли'ин,
кткит'ин Митэнкэ к'а'ачанкэ.
Ӈу'нум ӄнаӈ Митэ ӄозк'а к'лэкнэн.
30 Льаӈэ к'айтаткнэн ӄоз эззанкэ.
Йаӄ увик кэнзу'ин нокас тӽǎлтӽǎл, эњчэ'н.
Мэл к'нукнэн, ӄнаӈ °кӈыксыкнэн.
Ты'н ӄа'м льаӈэ лӄзувэн, ты'н лӄзувэн тэмйуӈлаӿ каралка'.
Митэ-ӄоз к'колкнэн кнэзакэ, ӿу эннан п'э'н ма'лӄзувэ'н.
35 Мил ӄлӽǎл Митэ-ӄоз лӄзувэн омакаӈ п'э'н.
Ӄлхлэ итӿ к'нукнэ'н ӽэвлы'н, вилӄзувэ'н лӄлаӿ и'эл.
Вечером Митэ-ӄоз лознэн:
— Халч кэмма тсхэллакичэн охтанкэ.
Кутх ӄа'т тмалк исын.

86

20 why give me your new shirt?"
"Put it on anyway!"
"I won't put it on, give me your shirt!"
"This shirt is already old."
"Well even so I won't put on anything new.
25 Give me this shirt of yours and the dress," the guest girl grumbled.
Miti began to take off her clothes.
The girl suddenly picked up a reindeer hide from the floor
and threw it on Miti, on her back.
Miti instantly turned into a reindeer.
30 The girl chased the reindeer outside.
She began to eat meat, fish.
She filled herself and at once went to sleep.
She was not a girl, she was an evil shaman-karalka.
Reindeer-Miti went to the river bank and played with her children.
35 Reindeer-Miti was with her children all day.
During the day they ate raw fish heads and drank cold water.
In the evening Reindeer-Miti says:
"Now it's time for me to run to the forest.
Kutkh is already near.

---

20 зачем твоя новая рубашка мне!
– Всё равно надень!
– Не буду надевать, дай мне вот эту твою рубашку!
– Эта рубашка уже старая.
– Всё равно не буду надевать, новую.
25 Дай вот эту твою рубашку и платок! – рассердилась девушка-гостья.
Миты начала раздеваться.
Девушка вдруг с пола шкуру оленя взяла,
бросила на Миты на спину.
Тут же сразу Миты оленем стала.
30 Девушка выгнала оленя на улицу.
А сама начала кушать мясо, рыбу,
сильно наелась, сразу уснула.
Это не была девушка, это была злая каралька-шаманка.
Миты-олень пришла на берег: там играли её дети.
35 Весь день Миты-олень была вместе с детьми.
Днём они поели сырых рыбьих головок, пили холодную воду.
Вечером Миты-олень говорит:
– Пора я побегу в лес.
Кутх уже близко идёт.

«Каралка»
(продолжение)

ILC1_6 ‖ 40 › 3:26 ‖ 45 › 3:52 ‖ 50 › 4:16 ‖ 55 › 4:43

40 °К'энэзэхэн кэмма ӄоз сын, лотӄзахэн.
Ксхэллакнэн лахсх-ӄоз, п'э'н файхаӄзукнэ'н.
Кутх к'олин, лэњллознэн:
– Ăњӄанкит файхассх? Мэнылк кэстанкэ, лахсх кзузэн.
Кч'экнэ'н кэстанкэ, ӄнањ љањэ-каралка' хамух криваткнэн.
45 Столанкэ нукнэн кнаправэн эм Кутхэнкэ.
П'э'н чхмалэн эк к'иты'ин °њэклкас, ӄа'м ăњӄал клинну'ин.
– Ăњӄанкит чхмалэсч? – лознэн Кутх.
– Заӄ хаӄањлкаӄ!
– Кэмма нэ'н хэӄэ трэтлакичэн,
50 кэзза ӄа'м кэмма илфсэсч, нэ'н ӄ'илчкас! – ккэлкнэн хамух Митэ.
П'э'н эсчаӄ ктэлхлкинэн, к'эч'экнан ањтсанкэ.
Амэлањ кузу'ин файхаказ, ктхилкнэ'н лахсх.
Кутх ч'эвэсӄ °књыксыкнэн.
Љањэ-каралка' тэлвэчӄ ктэкэйкнэн,
55 кхумсткнэн эззанкэ, к'эфскнэн мэмэнкэ.
Нозэ'н, хăмлх, мэлӄэв, ăлпх тхылэн,
кч'иликнэн.
Тэнаӄ исэњӄ кк'олкнэн кэстанкэ эк к'элчкнэн омакањ Кутхэ.
Утре Кутх клињллозэ'н:

40 He'll think that I'm a reindeer and kill me."
Reindeer-mother ran off and the children began to cry.
Kutkh came up and said:
"Why are you crying? Let's go home, mama's waiting."
They entered the house and the girl-karalka acts happy.
45 She puts food out on the table only for Kutkh.
She scolded the children and put them to bed having fed them nothing.
"Why scold them?" Kutkh asked.
"Don't be angry!"
"I had a bad dream today,
50 you didn't listen to me, now shut up!" shouted the false Miti.
The children were very afraid and lay in bed.
They quietly began to cry and remembered their mother.
Kutkh fell asleep soundly.
The girl-karalka quietly stood up,
55 went outside and climbed into the balagan.
She ate up the jukola, fat, berries and prepared fireweed.
She was full.
She quietly returned to the house and lay down with Kutkh.
In the morning Kutkh asks:

---

40 Подумает, что я олень, убьёт.
Убежала мама-олень, дети заплакали.
Кутх пришёл, спрашивает:
– Почему плачете? Пойдёмте домой, мама ждёт.
Вошли в дом, сразу девушка-каралька будто обрадовалась.
45 На стол кушать направила только для Кутха.
Детей наругала, уложила спать, ничем не накормив.
– Почему ругаешься? – спросил Кутх.
– Нельзя сердиться!
– Я сегодня плохой сон видела,
50 ты меня не послушался, теперь молчи! – закричала будто Миты.
Дети сильно испугались, легли в постель.
Тихо начали плакать, вспомнили маму.
Кутх крепко уснул.
Девушка-каралька потихоньку встала,
55 вышла на улицу, залезла в балаган,
Юколу, жир, ягоды, готовый кипрей поела,
наелась.
Снова потихоньку пришла домой и легла вместе с Кутхой.
Утром Кутх спрашивает:

«Каралка»
(продолжение)

ILC1_6 ‖60›5:07 ‖65›5:30 ‖70›5:58 ‖75›6:23

60 — Манкэ клфиӈлэ кэзза илʼин?
— Имтс, кэмман ӄэлтӄ эӈӄсхызын,
тласкичэч, ҳэӄэ трэтлакичэн, заӄ лэруӈкаӄ ӄсэхч,
ҳамух кӄаʼмсткнэн Митэ-љаӈэ.
Кутх ктэкэйкнэн, кчаʼйакнэн эк ӄнаӈ илин элвэнтзонокэ.
65 Кутх илин, ӄнаӈ љаӈэ-каралкаʼ кэнсхлиʼин пʼэʼн,
кʼайтатʼан эззанкэ.
Эмэмӄут клиʼин Синаӈэвт эк кʼолин кнэзакэ,
кэнзуʼин кзокас лаҳсҳ.
Əнна кэлчʼуʼин – ҳуӄэнэ ӄоз схэллазын тҳэʼанкэ љви хљоска.
70 Нух лаҳсҳ-ӄоз кʼолин,
ӄнаӈ кэнзуʼин таволкас, оваʼлкас эннан пʼэʼн.
Лам Митэ-ӄоз кзилʼин Эмэмӄутэнкэ эк Синаӈэвтэнкэ
уљљуљаҳаʼн булкаʼн, йаӄ кҳынэкнэн:
— Нух булкаʼн ӄʼнуссх, колӈэн ӄэззуссх,
75 вечером кистэнк ӄʼнуссх.
Пʼэʼн браво булкал кʼнукнэʼн,
колӈэн Эмэмӄут кэззуʼин урваӄэнк.
Тэнаӄ Митэ-ӄоз ӄлҳэл лӄзувэн омакаӈ пʼэʼн
вечером тэнаӄ ксхэллакнэн охтанкэ.

90

60 "Where did you go last night?"
"My stomach hurts,
I say, I had a bad dream, nothing to growl about,"
the Miti-girl complained.
Kutkh got up, had tea and at once went fishing.
65 Kutkh went out and the girl-karalka woke up the children
and chased them outside.
Ememkut and Sinanewt came to the bank
and began to wait for mama.
They saw that a reindeer was running swiftly toward them.
70 Mama-reindeer had come.
She began to hug and kiss her children.
Then Reindeer-Miti gave Ememkut and Sinanewt
little bread rolls and said:
"Here are some rolls, eat but put away half
75 and in the evening when you're home eat."
The children heartily ate some of the rolls;
Ememkut put half in his shirt.
Reindeer-Miti was with the children again during the day
and ran off into the forest in the evening.

---

60 – Куда ты ночью ушла?
– Да у меня живот болит,
говорю, плохой сон видела, нечего ворчать!
будто бы рассердилась Миты-девушка.
Кутх встал, почаевал и сразу ушёл на рыбалку.
65 Кутх ушёл, сразу девушка-каралька разбудила детей,
выгнала на улицу.
Эмэмкут вместе с Синаневт пришли на берег,
начали ждать маму.
Они увидели – вон олень бежит к ним очень быстро.
70 Вот пришла мама-олень.
Сразу начала обнимать, целовать своих детей.
Потом Миты-олень дала Эмэмкуту и Синаневт
маленькие булочки и сказала:
– Вот булочки, кушайте, половину положите,
75 вечером дома кушайте.
Дети хорошо булочками поели,
половинки Эмэмкут положил в рубашку.
Опять Миты-олень днём была вместе с детьми,
вечером снова убежала в лес.

«Каралка»
(продолжение)

ILC1_6 ‖ 80 › 6:43 ‖ 85 › 7:17 ‖ 90 › 7:41 ‖ 95 › 8:07

80 Кутх кк'оlкнэн, кэlчку'ин п'э'н файхазэ'н.
Кистэнк тэнаӄ лаӽсӽ-каралка' ӄӓ'тх ачињчк
эм Кутхэнкэ кэззу'ин ноном, п'э'н тэнаӄ к'иты'ин °њэкlкас.
Кутхэ к'нукнэн, кча'йакнэн эк кӓlч'укнэн ӽамух °књыксыкнэн.
Митэ-каралка' исэњӄ-исэњӄ ктэкэйкнэн, ксхэллакнэн эззанкэ.
85 Кутх ӄнаӈ лэм ктэкэйкнэн,
исэњӄ алупск'ва'зэн, эннан п'э'н алуптк'аlказэ'н:
– Ӄ'нухч булка', мэзвин лаӽсӽаl скӄазэн, – lознэн Эмэмӄут.
Ӄнаӈ итӽ тэлвэчӄ кфайхакнэ'н.
– Кэмма хиӄаӄ тысчэн,
90 – кэмман п'э'н ӽэӄэ суњlӄзузэ'н, – °к'энэзэсын Кутх.
Хоровал Кутх илфсызэн:
– Азоск тэнаӄ лаӽсӽ мэзванкэ к'оlахин,
йаӄ вечером тэнаӄ илахэн охтанкэ, – lознэн Синаӈэвт.
Утре Кутх ктэкэйкнэн ӄа'т атхсака њэчанкэ кӽынэкнэн:
95 – Ты'ну ӄlӽлэнк кэмма льви мэч'акэ т'ыlаlкичэн,
кнанкэ тмэлвэ'скичэн. Тэњӄ!
Кутх ӽамух иlин мэч'акэ,
йаӄ °фнэва ксэњкнэн °физвумэнк, ма' п'э'н вечно ма'сэ'н.
Хоровал Кутх кэlчку'ин ч'инэњлаӽ ӄоз схэллазын вэтва тӽэ'анкэ.

80 Kutkh came up and saw that the children were crying.
At home mother-karalka, as on the day before,
gave food only to Kutkh and put the children to bed.
Kutkh ate, had tea and lay down pretending to sleep.
Miti-karalka very quietly stood up and ran outside.
85 Kutkh got up too
and snuck up to listen to his children:
"Eat a roll, they smell of mama," said Ememkut.
They began at once to cry quietly.
"I don't know anything,
90 my children live terribly," Kutkh thinks.
Then Kutkh heard:
"Mama will come again tomorrow
but then run into the forest in the evening," Sinanewt said.
In the morning Kutkh got up early and said to his wife:
95 "I am going very far today,
I'll leave responsibilities to you. Good-bye!"
Kutkh pretended to go off far away,
but hid himself in the bushes where the children always played.
Suddenly Kutkh saw a beautiful reindeer run straight toward him.

---

80 Кутх пришёл, увидел дети плачут.
Дома опять мать-каралька, как вчера,
только Кутху положила пищу, детей опять уложила спать.
Кутх покушал, почаевал и лёг, будто бы уснул.
Миты-каралька тихо-тихо встала, убежала на улицу.
85 Кутх сразу тоже встал,
тихо подкрался, своих детей подслушивает:
– Кушай булку, нашей мамой пахнет, – сказал Эмэмкут.
Сразу они потихоньку заплакали.
– Я ничего не знаю,
90 – мои дети плохо живут! – думает Кутх.
Вдруг Кутх услышал:
– Завтра опять мама придёт к нам,
а вечером убежит в лес, – сказала Синаневт.
Утром Кутх встал рано, жене сказал:
95 – Сегодня я очень далеко пойду,
на тебя надеюсь. До свиданья!
Кутх будто бы ушёл далеко,
а сам спрятался в кустах, где дети всегда играют.
Вдруг Кутх увидел, красивый олень бежит прямо к ним.

«Каралка»

(продолжение)

100 П'э'н лэм кчавакнэ'н ӄозанкэ.
Ӄоз ӄнаӈ кэнзу'ин тэнаӄ таволкас, ова'лкас,
лэннос булкал п'э'н.
– Нэ'н булка'н улjлjулjахаʼн, колӈэн ӄэззуссх.
Ты'ну ӄлХлэнк кэмма посьэтной рас тизва'нкэ тк'олалкичэн.

105 Азоск ӄа'т атхсак'а кэмма ч'э'лэс ӄула'н ӄзы'н,
нсхэллакичэн мэч'акэ, т'алан ӈэйӈаланкэ.
Ӄула'н годанк мк'олалкичэн, ӄкзусхмиӈ.
Кутх мил к'илфскнэн эк °к'энэзэзын:
– Ма' кэмма хэйнӈын сап тэлчкучэн?

110 Э-э, хэйнӈын сап мэзвин кистэнк чизвин, – ктхилкнэн Кутх.
Ӄа'т вечером Митэ-ӄоз энзозэн простэлкас кп'эслэс:
– Халч кэмма мсхэллакичэн, Кутх к'олахэн, кэмма лотӄзахэн.
Энна кэнзу'ин ова'лкас п'э'н.
Итх кфайхакнэ'н ӈачк'элӄ эк кчанзоза'н лахсх-ӄоз.

115 Ӄоз к'илвизыкнэн, п'э'нкэ хэнэзэн:
– Заӄ файхакаӄ, ӄа'т кэмман иплхэ'н схэллазозэ'н.
Кэмма лэм халч мсхэллакичэн.
Ӄа'т ху кэмман иплх-ӄоз кзузэн кэмма.
Олла кскэззанк тхзузын аслах, ч'инэӈлах ихлх'ин ӄоз,

94

100 The children were also running, to meet the reindeer.
The reindeer began to hug and kiss
and feed the children with rolls.
"Now the rolls are little; take half of them with you.
I have come to you for the last time today.
105 Tomorrow after dawn I go off with the other reindeer far away
to the distant mountains.
I'll come next year. Wait for me."
Kutkh heard everything and thinks:
"Where have I seen that reindeer hide before?
110 Oh yes, there's a hide like that at home," Kutkh remembered.
In the evening Reindeer-Miti said good-bye to the children:
"It is time to go, if Kutkh comes he would kill me."
She began to kiss the children.
They cried loudly and chased after their mother.
115 The reindeer turned back and said to the children:
"Stop crying, my friends are already running off.
I have to run off too.
My reindeer-friend is waiting for me."
A beautiful, tall reindeer man stood near an alder thicket,

---

100 Дети тоже побежали встречать оленя.
Олень начал обнимать, целовать,
кормить булками детей.
– Теперь булочки маленькие, половину уберите.
Сегодня я в последний раз к вам пришла.
105 Завтра после сумерек я вместе с другими оленями убегу далеко,
в дальние хребты.
На следующий год приду, ждите.
Кутх всё слышал и думает:
– Где же я такую оленью шкуру видел?
110 А-а, такая шкура у нас дома есть, – вспомнил Кутх.
Уже вечером Миты-олень начала прощаться с детьми:
– Пора я побегу, Кутх придёт, меня убьёт.
Она начала целовать детей,
они заплакали громко и погнались за матерью.
115 Олень вернулся, детям говорит:
– Хватит плакать, уже мои друзья убегают.
Я тоже пора побегу.
Уже там мой друг-олень ждёт меня.
Около ольховника стоит высокий красивый мужчина-олень,

«Каралка»
(продолжение)

120 тχзузын Митэ-ӄоз.
Кутх льви χэӄэ лӄзувэн, ӄнаӈ кχаӄаьлкнэн, кнаправэн аркан.
Митэ-ӄоз тэнаӄ кэнзу'ин овалэс п'э'н, °фнэва файхазэн,
элчкузэн эннан иплχ-ӄоз чэфэзын.
Ӄа'т Митэ иплχ-ӄоз кӄа'мкнэн эк ксхэллакнэн ӈэйӈанкэ,
125 Митэ-ӄоз лэм ксхэллакнэн.
Хоровал Кутх льви хльоска кт'итк'ин аркан, кэнккэ'ин ӄоз.
Криваткнэн, кк'олкнэн ӄоз-Мэтанкэ,
ктаволкнэн, °фнэва файхазэн:
– Нэ'н хэ'ьч манкэ илкаӄ ӄсыхч.
130 Мэхну кэзза кэмман ӈыч, а ну к'э?
Митэ χэнэзэн:
– Энна ӄа'м ч'амзаьлχ сын, энна χэӄэлаχ каралка'.
Ӄнаӈ ӄоз'ин сап ктсӑлкнэн,
эк Митэ-ӄоз к'лэкнэн ит'энан Митэ.
135 Эмэмӄут, Синаӈэвт, Кутх эк Митэ льви риватӄзузэ'н.
Риваткнин Кутх кэнӄсы'н каралка' охтанкэ.

120 (there) stood Reindeer-Miti.
    Kutkh felt terrible, became angry and prepared a lasso.
    Reindeer-Miti again began to kiss the children and cry herself,
    seeing that her reindeer-friend is in a hurry.
    Her reindeer-friend became angry and ran off to the mountains.
125 Miti also ran off.
    Suddenly Kutkh threw the lasso and caught the reindeer.
    He was happy, went up to Reindeer-Miti,
    hugged her and crying says:
    "Now you're going nowhere.
130 It seems that you are my wife – but who is the other woman?"
    Miti says:
    "She is not a person, she is an evil karalka."
    Instantly the reindeer hide fell off
    and Reindeer-Miti became the Miti of before.
135 Ememkut, Sinanewt, Kutkh and Miti were very happy.
    In his happiness Kutkh let the karalka go off into the woods.

---

120 стоит Миты-оленя.
    Кутху очень плохо было, сразу рассердился, приготовил аркан.
    Миты-олень опять начала целовать детей, сама плачет,
    видит её друг-олень торопится.
    Уже у Миты друг-олень рассердился и убежал в хребты,
125 Миты тоже побежала.
    Вдруг Кутх очень быстро бросил аркан, поймал оленя.
    Обрадовался, подошёл к оленю-Миты,
    обнял, сам плачет:
    – Теперь ты никуда не пойдёшь,
130 оказывается ты моя жена, а та кто?
    Миты говорит:
    – Она не человек, она плохая каралька.
    Сразу же оленья шкура упала
    и Миты-олень стала прежней Миты.
135 Эмемкут, Синаневт, Кутх и Миты очень радуются.
    От радости Кутх отпустил каральку в лес.

Gutorova,
Tat'yana Evstropovna

Itelmen songs
Petropavlovsk-Kamchatski 30.08.1999

Гуторова,
Татьяна Евстроповна

«Песня орла»*
Т. Е. Гуторова, г. Петропавловск-Камчатский, 30.08.1999

ILC1_7.1 ‖ 1 › 0:07 ‖ 5 › 0:37 ‖ 10 › 1:15

1   Аслаҳ ӈэйӈэнк тсыӈқзаӆкичэн.
    Ипӆҳчаҳ спэлчаҳ т'оч'аӆчэн:
    Спэлчҳэ, спэлчҳэ, кэзза ксыӈ'ин.
    Хаһч'ан атнокэ т'энклахэн.
5   Мэвэӈ спэлчҳэ, ӈэйн'ин ч'этқзаӆэн,
    Хаһч'ан атнокэ э'вэнқзаӆ,
    Итэ'нмэ'нкэ Хаһч'ан Атнок.
    Кэмман чаҡа'ӆэс қлаҡзухчик,
    Тҳи'ин атнола'н °Плаҳэн, Каврал.
10   Ухтэнк кивчэк'и кт'элқзу'ин.
    Кэмман ипӆҳчаҳ ч'инэӈлаҳ Эльвэӆь,
    Исхэнк ӈэйӈэк'и кт'элқзу'ин.

«Eagle's Song»*

1 I will fly over a tall mountain.
   I will call friend wind:
   Wind, wind you fly.
   I send you to the upriver village.
5 A strong wind came from the mountains.
   You will fly to the upriver settlement,
   To the Itelmens in the upriver settlement.
   Sing my song,
   Of their villagers of Plakhen (and) Kovran.
10 *Ukht* turned into a river.
   My beautiful darling El'vel',
   Father, he turned into a mountain.

* *Written for the legend "El'vel'" in 1970.*
   Melody by Arina Osipova Slobodchikova's mother.

---

1 Над высокой горой полечу.
   Друга-ветерка позову:
   Ветерок, ветерок ты летаешь.
   В верхнее селение отправлю тебя.
5 Сильно, ветерок, горный, зайдет.
   В верхнее селение будешь полетать,
   Ительменам в Верхнем селении.
   Мою песню пропой, расскажи,
   Их сельчан Плахэна, Каврала.
10 «Ухт» в реки превратил.
   мою подружку-красавицу Эльвель,
   Отец в гору превратил.

* *Написана к легенде "Эльвель" в 1970 г.*
   Мелодия матери Арины Осиповны Слободчиковой.

«Песня Умирающей матери к легенде Эльвель»
Т. Е. Гуторова, г. Петропавловск-Камчатский, 30.08.1999

ILC1_7.2   ‖ 1 › 1:43 ‖ 5 › 2:13 ‖ 10 › 2:53 ‖ 15 › 3:31

1   Ухтэ Лаччах ч'эхч'эӆ инхтаӄ.
    Əнна к'алэк °соллозэн.
    Мэзви'н атнола'н Кананк кӆэма'н.
    Т'изазкичэн кэмма лэм.
5   Ты'ну миљачх тэзвин п'эључх,
    Эсчаӄ Кананк кэнтхӄэ'ин.
    Ӄрвэљушки кэмман Эљвэљэчх,
    Ӄрвэљушки кӑмлоњчах!
    Ухтэ, кэзза Квэзэм ӄчкихчик.
10 Хэњчамлалнэн Эљвэљэчх.
    Заӄ ну ит'э Квэзэм энтхваӄ.
    Əӈӄа кнанкэ нӆовахэн.
    Кэзза, Ухтэ, ч'инэӈӄ ӄсуњӆкӑс.
    Тӄарвэла Эљвэљэчх ӄњытэкӑс.
15 Ӄа'та °кмэлвэн тумзысхэн.
    Т'изазкичэн кэмма ӄа'т.
    Ӄрвэљушки кэмман кӑмлоњчах.
    Ӄрвэљушки Эљвэљэчх.
    Ӄрвэљушки, ... э–ху–хэ!

«Song of the Dying Mother in the legend "El'vel'"»

1 *Ukht* don't waste your time looking for *Lachakh*.
She is lying nearby.
Kana killed our villagers.
I am dying as well.
5 This girl, your daughter,
Kana cast a serious spell over.
Bye-bye, my little El'vel',
Bye-bye, my little granddaughter!
Ukht, find *Kvezm*.
10 Let him remove the spell from little El'vel'.
Never forget *Kvezm*.
What he tells you.
Live well *Ukht*.
Raise El'vel' calmly.
15 I am already leaving you.
I am dying already.
Bye-bye my little granddaughter.
Bye-bye El'vel'.
Bye-bye ...!

---

1 Ухт Лаччах зря не ищи.
Она рядом лежит.
Наших сельчан Кана убил.
Умираю я тоже.
5 Эта девочка ваша доченька.
Сильно Кана (её) заколдовал.
Баю-баюшки, моя Эльвелюшка,
Баю-баюшки, внученька!
Ухты, ты Квэзыма найди.
10 Пусть расколдует Эльвелюшку.
Никогда Квэзыма не забывай.
Что он тебе скажет.
Ты Ухт хорошо живи.
Спокойно Эльвелюшку воспитать.
15 Я оставляю вас.
Умираю я уже.
Баю-баюшки моя внученька.
Баю-баюшки Эльвелюшка.
Баю-баюшки, ...!

«Утхолокская мелодия бабушки Слободчиковой (Рухчихи)»
Т. Е. Гуторова, г. Петропавловск-Камчатский, 30.08.1999

ILC1_7.3　‖ 1 › 4:27　‖ 5 › 4:44　‖ 10 › 5:01　‖ 15 › 5:21

1　Ч’инэӈ лаччах эсазэн.
　　Кэмман ныта чаӄа’сэн.
　　Кэмман ныта чаӄа’сэн.
　　Толк’ајнокэ хэнјалак(ас).
5　Толк’ајнокэ хэнјалак(ас).
　　Мэвиӈ љэјк’э’н квэтаткнэ’н.
　　Мэвиӈ љэјк’э’н квэтаткнэ’н.
　　Љэпхэ’н эсчаӄ нтхнувалэ’н.
　　Љэпхэ’н эсчаӄ нтхнувалэ’н.
10　Тосханк муза нјавалај.
　　Тосханк муза нјавалај.
　　Тэлвэчӄ ходила’н нчаӄа’јэ’н.
　　Тэлвэчӄ ходила’н нчаӄа’јэ’н.
　　Мэзви’н хольа’н к’ојахэ’н.
15　Мэзви’н хольа’н к’ојахэ’н.
　　Ч’эвэсӄ нова’јӄзајкичэн.
　　Ч’эвэсӄ нова’јӄзајкичэн.

«The Utkholok melody of grandmother Slobodchikova (Rukhchikhi)»

1 It's a beautiful sunrise.
  My soul sings.
  My soul sings.
  Let's go to get *kimchiga* [springbeauty].
5 Let's go to get *kimchiga* [springbeauty].
  The mice worked hard.
  The mice worked hard.
  We'll carry full baskets.
  We'll carry full baskets.
10 We'll sit down on the bank.
  We'll sit down on the bank.
  We'll quietly sing chants.
  We'll quietly sing chants.
  Our young people are coming.
15 Our young people are coming.
  We will kiss them sweetly.
  We will kiss them sweetly.

---

1 Красиво солнышко всходит.
  Моя душа поет.
  Моя душа поет.
  За кимчигою пойдем.
5 За кимчигою пойдем.
  Здорово мыши поработали.
  Здорово мыши поработали.
  Корзины полные наберем.
  Корзины полные наберем.
10 На берегу мы присядем.
  На берегу мы присядем.
  Тихо ходилы запоем.
  Тихо ходилы запоем.
  Наши юноши придут.
15 Наши юноши придут.
  Сладко будем целоваться.
  Сладко будем целоваться.

«Песня-ходила на слова Татьяны Евстроповны Гуторовой (Ковран)»
Т. Е. Гуторова, г. Петропавловск-Камчатский, 30.08.1999

ILC1_7.4 ‖ 1 › 5:42 ‖ 5 › 5:56 ‖ 10 › 6:11 ‖ 15 › 6:25

1 Кэзза ҳамух мэт'ск'(ай)
Стовалах'ал кэскнэн,
Стовалах'ал кэскнэн.
Э–ҳэ! Э–ҳэ!

5 Ҟлимух манкэ кивчэнк
Нэка'лҟзалⴄна'н эњчэ'н,
Нэка'лҟзалⴄна'н эњчэ'н.
Э–ҳэ! Э–ҳэ!

Кэзза ҳамух °ҟ'лайу
10 Ҟтоктоназхэн эњчэ'н,
Ҟтоктоназхэн эњчэ'н.
Крр–Крр–Крр!

Манх'ал ксфэзкнэн йаҟйаҟ
Лэм кⴄавулкнэн к'алэк,
15 Лэм кⴄавулкнэн к'алэк.
– Ийанк! Ийанк!
°Ҟтаҟаҟэс! °Ҟтаҟаҟэс!

«Khodila»

1 You pretend to be a bear.
Emerging from the pine bush,
emerging from the pine bush.
...
5 Imitating as if in the river.
You'll catch fish,
you'll catch fish.
...
You pretend to be a raven.
10 You peck at a fish,
you peck at a fish.
...
A seagull appeared from somewhere.
It landed nearby,
15 it landed nearby.
"To the coast! to the coast!
Pray! Pray!"

---

1 Ты нарочно медведь.
Из кедрачей вышел,
из кедрачей вышел.
...

5 Передразни, как в речке.
Будешь ловить рыбу,
будешь ловить рыбу.
...

Ты нарочно ворон.
10 Клюёшь рыбу,
клюёшь рыбу.
...

Откуда-то чайка взялась.
Тоже рядом села,
15 тоже рядом села.
– На устье! На устье!
Молись! Молись!

«Песня-ходила на слова Татьяны Евстроповны Гуторовой (Ковран)»
(*продолжение*)

ILC1_7.4 ‖ 20 › 6:41 ‖ 25 › 7:05 ‖ 30 › 7:17

Чакол кәнтс'ин фитфит
Кәлчкукзу'ин ч'ахлном,
20 Кәлчкукзу'ин ч'ахлном.
Э–хэ! Э–хэ!

Кэйэх хтэзэн эскас
Тэ'мзазознэн лу'вэл,
Тэ'мзазознэн лу'вэл.
25 Э–хэ! Э–хэ!

Схәллаӈ ткми'ай кк'олкнэн
Ч'ирикзузнэн әньчэ'н,
Ч'ирикзузнэн әньчэ'н.
Э–хэ! Э–хэ!

30 Кхэкэнэкнэн мэт'ск'(ай)
Ч'ахлалкила'н кпэнскнэн,
Ч'ахлалкила'н кпэнскнэн.
Э–хэ! Э–хэ!

A seal poked its head out.
It looks at those celebrating,
20 it looks at those celebrating.

...

The coward is afraid to come out.
It licks its whiskers,
it licks its whiskers.

25 ...

A wolverine came running.
He is stealing fish,
he is stealing fish.

...

30 The bear became upset.
He went after those celebrating,
he went after those celebrating.

...

Голову высунула нерпа.
Смотрит на пирующих (праздник),
20 смотрит на пирующих (праздник).

...

Трус боится выйти.
Облизывает усы,
облизывает усы.

25 ...

Бегом росомаха прибежала.
Ворует рыбы,
ворует рыбы.

...

30 Рассердился медведь.
На пирующих бросился,
на пирующих бросился.

...

О том, как возникла легенда «Эльвель»
Т. Е. Гуторова, г. Петропавловск-Камчатский, 30.08.1999

записано во время подготовки к гастролям
ее внучки Елены Зуевой по Германии (см. с. 106).

Эту легенду я написала в 1970-м году. Ну тогда справляли мы праздник 100-летия Ленинаи нам срочно надо было что-то свое. Нам распоряжение такое было с районного отдела культуры, чтобы мы что-нибудь свое... там норгали, мол, само собой, просто сценки, ну что-то такое. Ну а что, думаю, делать-то.

И как-то однажды я просто посмотрела... Выходила уже на работу и посмотрела на сопку. Ее с Хайрюзово Верхнего видно, с Усть-Хайрюзово, из Коврана видна эта сопка Эльвель, Эльвелик. Ну я решила назвать ее Эльвель. Ну почему бы этой сопке не быть Эльвель? Она так красива. Здесь у нее как бы шатер такой, вернее не шатер, а покрывало такое на ней. Говорю, пусть она будет Эльвель. Я еще даже не знала, что у меня получится.

On the origin of the legend "El'vel'"

T. E. Gutorova , Petropavlovsk-Kamchatski, 30.08.1999

Recorded when preparing for the concert tour to Germany of her granddaughter Elena Zueva (see p. 106).

I wrote this legend down in 1970. When we celebrated Lenin's 100th birthday, we had to make a contribution to the celebrations quickly. We got the order from the district's culture department that we had to organize something by ourselves, norgali (dances), just performances, something like that. Well, I thought I could do it.

And somehow once I just looked up ... I had already left for work and I looked at the mountain. It can be seen from the village of Upper Khairyuzovo, and also from Kovran, the summit El'vel', El'velik. Well, I decided to call it El'vel'. Why should this mountain not be called El'vel'? It is so beautiful. It sits there like a tent, although not (really) a tent, but (it looks) as if there would be a kind of cover on it. I said, so it will be El'vel'. I didn't know yet what would come of it.

Ну а вечером ждут девчата. Я говорю, мама, ты сейчас никого не впускай, говори, что меня здесь нету. Я взялась за эту легенду, ну начала вспоминать. Думаю, у нас же у ительменов были шаманы когда-то, такие злые, ну которые колдовали людей, на них болезни насылали. И были добрые, которые снимали вот это колдовство злое. Нет, думаю, Эльвель, она, значит, стоит между двух рек. Почему эти реки не могут быть... это – Плахен, по-нашему это старший брат, а это пусть будет Плач, потому что их с обоих сторон видать. Эльвель по середине стоит.

Ну как-то сюжет у меня выразился такой, что это любовь большая. Вот она как будто... было такое... что не хотел этот... у Эльвеля был отец Ухт. До этого он был, вернее в молодости он был женат на Лач, жена у его была молодая. Ну вот он женился на ней, а шаман старый хотел жениться на этой, на Лач. А Лач отказалась. Я, говорит, лучше, лучше я море брошусь, но жить с ним не буду. Она любила Ухта, они встречались. И вот тогда шаман стал угрожать ей, говорит: – Если ты за меня замуж не пойдешь, то я ваш род истреблю. Вот тогда, в те далекие-далекие годы, когда между племенами или там между родом каким-то стычки были. И вот я, говорит, уговорю твоих родителей. И если они не отдадут за меня замуж тебя, значит я истреблю ваш род весь.

И вот она передает Ухту. Но Ухт успокаивает ее, говорит, мы поженимся. Поженились они с Лач. А он охотник был хороший. И вот ранней весной он ушёл на охоту, а Лач осталась одна, она уже беременная была, должна была родить. Ну, в общем, он ушёл, и она родила девочку. Ну там первое восклицание было такое: – Э-э-эль...вельк. Ну это восклицание будто оно означает: ... Ухт хотел сына, а тут вельке. Ну что сделаешь, вроде того, что родилась девочка. Ну так Э-э-ль-вель, Эльвель.

Ну, в общем, родилась она, и приходит шаман со своими. Ну там, которые ему служили. Приходят они, а он злой, что она родила и любит этого Ухта. И он решил истребить, в общем, истребить это селение том числе. А по первой, по первой версии у меня было, что она бросилась в море, Эльвель. А тут по второй версии, тут уже я написала песню, что она, что ее тоже убили. И вот мать, ее мать взяла ребёнка, эту Эльвель маленькую и уже раненая, она прикрыла ребёнка.

Вот приходит Ухт. А у него был орёл, тоже такой умный орёл. Он всегда показывал Ухту, где звери такие, где на медведя можно охотиться, где эти.., ну где удобно охотиться, это у него друг такой был, орёл. И вот орёл прилетает первый и смотрит, такое в селении творится, и возвращается к Ухту: – торопись, там что-то случилось в этом селении. Все, мол, убиты.

110

Well, the girls waited in the evening. I said, "Mama, don't let anybody in now, say that I am not at home." I gave myself up to this legend and began to remember. I believe that once we – the Itelmens – had shamans, evil ones, those who cast a spell over people and brought illness to them. And there were also good shamans, those who took away the evil spell. [No,] ... I believe, El'vel' means that it stands between two rivers. [Why these rivers cannot be] ... There is Plakhen, which means "older brother" in our language, and it becomes Plach, as they are seen from both sides. El'vel' stands in the middle.

Well, somehow I have expressed the story that there was a great love. Although, ... somebody didn't want ... El'vel's father was Ukht (forest). Until then he was, in his youth, married to Lach (sun), he had a young wife. He married her, but an old shaman wanted to marry her, Lach. But Lach refused. She said, "I would rather throw myself into the sea than live with him." She loved Ukht, and they met each other. And when the shaman began to harass her, he said, "If you don't marry me, I will kill your family and all your relatives." Once, in the distant past, it came to skirmishes between tribes and family groups. He said, "I will persuade your parents. If they won't give you to me as my wife, I will kill your entire extended family."

She told this to Ukht. But Ukht calmed her down and said that they would marry. So Lach (and Ukht) got married. He was a good hunter. And in early spring he went out for the hunt, and Lach stayed home by herself. She was already pregnant and about to have the baby. Anyway, he left and she gave birth to a girl. And her first exclamation was: "E-e-e-l'velik." And this exclamation meant – Ukht wanted a son, but now .... But what could be done about it, after all, she had given birth to a girl, El'vel'.

Well, eventually, after she'd had her daughter, the shaman came by with his (helpers). That means with those who served him. They arrived and he got mad that she'd had a baby and loved Ukht. Then he decided to kill all the people there. But in the first version, in my first version, El'vel' threw herself into the sea. And here, in the second version, in which I already wrote the song, they also killed her. And the mother, her mother, took the child, little El'vel', who was injured, and she covered the child.

Then Ukht arrived. He had an eagle, such an intelligent eagle. He always showed Ukht where certain animals were, where one could hunt for a bear, ... well, where it was good to hunt. He had this friend, the eagle. And the eagle flew by in advance and saw what had happened to the settlement, and he turned back to Ukht, saying, "Hurry up, something has happened to the people (there). Everybody has been killed."

111

Приходит, в общем, обошел все селение, все убитые. Он находит мать свой жены, уже умирающую. И она держит маленького ребёнка закутанного. И она отдает ее ему, говорит, нас всех на селе убил Кана, это злой шаман, он заколдовал твою дочь, и расколдовать ее очень трудно.

Но надо найти доброго шамана Квэзем. Квэзем это по-ительменски – шиповник. Он такой колючий и вообще добрый, потому что у него ягода добрая и листья, всё полезное. Ну в общем, я назвала его Квэзем Ну когда-то у ительменов были по-видимому вот такие имена, как, например, ухт – это лес, Ухт, Квэзем – это шиповник, Эльвель – это по возгласу что-то такое во время родов.

Одним словом, приходит. Когда он находит эту мать. Она ему говорит, что, мол, твою дочь зовут Эльвель. Она прощается с ней и говорит: найди доброго шамана, прими у него доброе шаманство, и сделай так, чтобы он расколдовал твою дочь. Он, говорит, сильно заколдовал её. И вот она умирает.

Оставляет он это селение. Ухт уходит далеко в хребты, и все-таки он находит этого доброго шамана и берет у него доброе шаманство. Он передает, там обычно ... тоже такой обряд.

Там есть такое что... Вот об этом обряде я помню хорошо. Это было в конце 1930-х годов, мне тогда было где-то лет семь-восемь. Эта голова сухая, рыбья голова, высушенная. Теперь три ветки вот этого самого квэзема, ну этого шиповника три веточки. Тоже их хранили постоянно. И теперь, что там ... угольки, чтобы уголек был. В общем шаман тот, он там напевает с этим квэземом выгоняет из больного вот эту боль. Даже так, что проходит, если там одежда какая, исколет одежду вот этот пучок, пучок этого квэзема. И все, и потом начинает уже выгонять, выгонять, выгонять и в конце концов изгоняет ... все это, в общем сжигается в печке,.. если больной.

Я помню, не знаю, но по-моему это все-таки, не мистика это была. Потому что я видела, девчонкой, правда, я была, ну лет семь мне было. Ну я помню когда сильно заболела старшая сестра Лиза. Сильно, сильно заболела. Мама поехала сама в Верхнее Хайрюзово, привезла доброго шамана. Доброго шамана. Привезла и говорит, вот, сразу, постарайтесь вылечить, что с ней вот такое приключилось. И вот он начал её лечить, а сам все напевает, напевает, всё в темноте это вершится. Он подошёл к ней. А нас, конечно, прогнали. Галочка тогда у меня маленькая была сестренка, она младшая.

А Лиза сама старшая была, ей лет 12, наверное, было. И вот что-то он делал, делал с ней, потом что-то все вроде пел, пел. Потом что-то как будто взахлеб что-то, как будто на себя тянет, на себя ртом.

He came and flew by the entire settlement – all had been killed. He went to his wife's mother, and she was dying. She held the small child covered and she gave her to him. She said: "Kana has killed all of us in the settlement, he is an evil shaman, he cast a spell over your daughter and bewitched her."

Then someone has to find the good shaman Kvesem. Kvesem is an Itelmen word, which means "dog rose". He is such a wizard and in general good-natured, that's why it (the dog rose) has good berries, and is therapeutic. So I called him Kvesem. Once Itelmens had those names, like, for example, Ukht – which means "forest"; Kvesem – which means "dog rose"; and El'vel' refers to an exclamation at the time of birth.

Eventually, he (Ukht) arrived. Then he found the mother. She told him that his daughter was called El'vel'. She saw him off and said: "We have to find a good shaman, take from him his good shaman's power, and make him take the spell from your daughter. On (the other shaman) has cast a bad spell on her." And then she died.

He left the settlement. Ukht went very far into the mountains, and eventually he found the good shaman and received his good shaman's power from him. He handed it over to him, as usual, with the ritual.

There is a ritual, which I remember well. This was at the end of the 1930s; I was about seven or eight years old. There was a dried fish head. Then three twigs from that kvesem, i.e. from the dog rose, three branches. One always kept them. And then there were charcoal fragments, pieces of charcoal. In general, the shaman sang and expelled the illness from the sick person with his dog rose twigs. It also happened, if there were (particular) clothes, that he beat the clothes with this bunch of dog rose twigs. That's all, and then he already started to expel, to expel, and eventually he expelled all this, and usually he burned it in the stove, if someone was sick.

I remember, I don't know, but probably it's all the same, it was no mysticism. Because I have seen it as a young girl, truly, I was about seven years old. I remember when my older sister Liza got very sick. She had become very, very sick. My mother went by herself to Upper Khairyuzovo and brought the good shaman, the benevolent shaman. She brought him and said: "Hurry, try hard to cure what's wrong with her!" And he began to cure her, and he sang by himself, and everything took place in the dark. He went to her. And, of course, they chased us away. Galochka was at that time my younger sister; she was younger.

But Liza was the oldest, she was probably twelve. And what he then did with her, he sang, he sang. Then he pulled something to himself, to himself with his mouth.

А я не пойму, я любопытная все-таки, вылезла из постели, а тут в темноте, хоть страшно, все-таки что там интересно. И потом все, он что-то взял, а мама помню, в печкеэтот *уэрт* разожгла, там этим *уэртом*, как их, щепки, чтобы они быстрее горели. Так солому и что-то там такое положила, ну вот этот Квэзем, конечно. Он сначала что-то сделал, а потом когда он что-то вытащил.

И действительно видела это зимой. Мне же нужно было откуда-то взять. Вот примерно с мой большой палец, вот примерно такой. Он говорит, вытащил я, говорит он, вытащил оттуда, вот это. И вот когда положил он, и смотрю, там шевелится что-то, такое живое шевелилось. Ну как червяк такой круглый. Знаешь, бывают такие моллюски, такие скользкие, в круглых этих раковинках, и вот точно такой-же, и вот, я посмотрела, и вот это все хозяйство. И он закрыл, там что-то говорил, говорил все потом Э-хе-хе... И в общем, на этом закончилось. Ничего, говорит, она поправится. И она действительно поправилась тогда. Но она умерла потом уже через года полтора, но у нее эта гангрена была голени. Сильное там заражение было. Старшая сестренка Лиза.

Вот этих, вот которых знали, что они лечили, и за ними было вот что их... И вот кто верил в бога, вот этих священных попов этих, всех репрессировали. В Тигиле, там единственная была церковь, ... венчаться туда ездили, теперь крестить детей. Ну, правда, в Верхнем Хайрюзове там типа часовни была. Во всяком случае самая главная церковь была в Тигиле, в районном центре. И вот гонения на них были, и поэтому очень боялись, боялись это, не знаю, как огня боялись, чтобы кто-то узнал все, не дай бог кто-то скажет, на этого, кто этим занимается лечением. За ними гонения были большие. Но потом не знаю, больше я не соприкасалась с этим.

А вот что Эльвель, значит я, у меня сразу созрела мысль такая, что были два, как всегда, два противоположных: добро и зло. Но, думаю, сделать так, почему Эльвель, почему она застыла здесь, и почему эти реки текут возле. Ну как созрела у меня вот эта мысль, это пусть будут реки, Плахэн – Верхний Хайрюзово и Каврал – в Ковране тоже река, младший брат. Ну вот, как они полюбили друг друга, Вы уже читали, наверное, в этой книге,* и чем это кончилось.

---

* Т.Е. Гуторова, «Эльвель» – ительменская легенда. Петропавловск-Камчатский: Фонд компенсации в пользу народов Севера, 1995.

But I didn't understand, I was curious about all this. I got out of bed and I was there in the dark – although frightening, all this was interesting. And then everything that he had taken, and I remember (that) my mother (said), he burnt in the stove, there in the stove, with these strands to make it burn faster. He also put straw or something like that on it, and then these dog rose twigs, of course. He first did something, and then, he pulled something out.

Definitely, I saw this in winter. Something had to be taken from me somewhere, for example, from my thumb. He said: "I'll take it out" and he took that from there. And when he put something there, I noticed that there was something moving, something animated was moving. Like a round worm. You know, there are such molluscs, these slippery mussels, and I saw precisely those. … And (when) he closed, he said something, he said, "That's all," and then "E-khe-khe…." And with that he was finished. Anyway, he said that she was getting better. And she really did get better then. But she died one and a half years later; she suffered from gangrene of the lower leg. She had become seriously infected there, my older sister Liza.

There were those who knew how to heal, and we turned to them. And those who believed in God, these sacred priests, they all were persecuted. In Tigil', where the only church was, they went there to get married, and then to baptize the children. Surely, in Upper Khairyuzovo was also a kind of chapel. In any case, the most important church was in Tigil', in the district center. And people were persecuted afterwards, and therefore they were very frightened, very frightened. I don't know, they were scared as if of fire. If somebody knew about it, God grant that nobody told anyone about those who occupied themselves with healing. They were persecuted terribly. But more than that I didn't know, I wasn't in touch with them anymore.

But with regards to El'vel', the idea immediately grew in me that there were two, as always, two opposites: the good and the evil. Well, I think, to make it so, why El'vel', why El'vel' is covered there, and why these rivers flow by. When this idea grew in me that it was the rivers Plakhen – Upper Khairyuzovo and Kavral – in Kovran there is also a river, the younger brother. Well, then they fell in love with each other, you probably already read it in the book*, and with this I'll finish.

---

* Т.Е. Гуторова, «Эльвель» – ительменская легенда. Петропавловск-Камчатский: Фонд компенсации в пользу народов Севера, 1995.

Палана

Тигиль
Седанка
Утхолок
Ковран
Хайрюзово

Морошечное

Сопоччное

Петропавловск-Камчатский

Камчатка

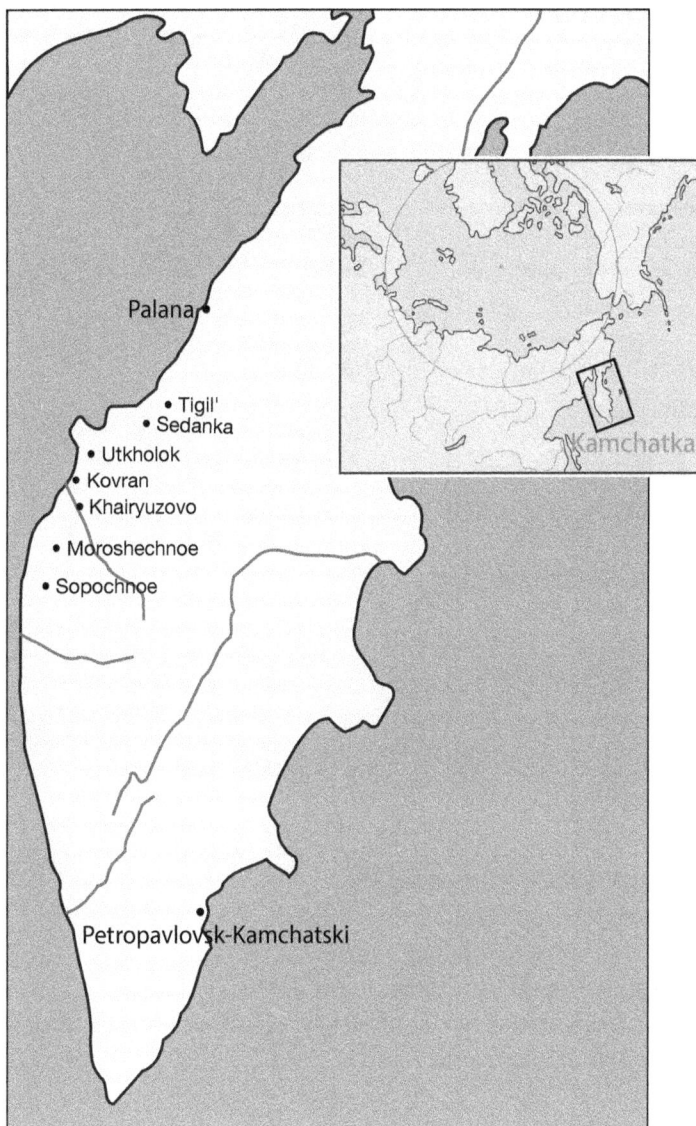

Palana

Tigil'
Sedanka
Utkholok
Kovran
Khairyuzovo

Moroshechnoe

Sopochnoe

Kamchatka

Petropavlovsk-Kamchatski

Содержание

Contents

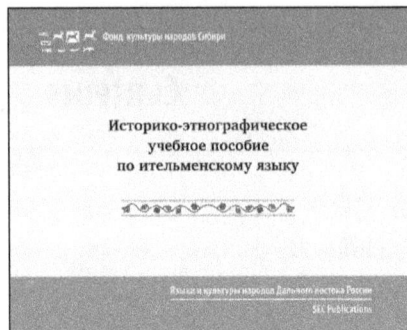

Халоймова К.Н., Дюрр, М., Кастен, Э.,
Лонгинов, С. (авторы)
Клуб «Камчадалы» с. Мильково (сбор
материала мильковских камчадалов)

Историко-этнографическое
учебное пособие по ительменскому
языку [Historic-ethnographic teaching
materials for the Itelmen language]

2012, Fürstenberg: Kulturstiftung Sibirien
164 pp., Euro 18, pb,
ISBN: 978-3-942883-10-8

Languages & Cultures of the Russian Far East – www.siberian-studies.org/publications/lc_R.html

Михаэль Дюрр, Эрих Кастен (составители)

Говорящий ительменский словарь
Этот электронный словарь, предлагаемый здесь
в интернете, содержит примерно 550 записей.
Русская версия предназначена прежде всего
для школ и заинтересованных местных жителей
на Камчатке. Она предлагает простой доступ
к ценным звуковым документам последних
носителей ительменского языка.

2015, Fürstenberg/Havel: Kulturstiftung Sibirien

Languages and Cultures of the Russian Far East
http://www.kulturstiftung-sibirien.de/itd_R.html

Халоймова, К.Н., Дюрр, М., Кастен Э. (ред.)

Ительменские сказки – собранные В.И.
Иохельсоном в 1910-1911 гг.
[Itelmen tales, collected by V.I. Jochelson, 1910-
1911, in Itelmen and Russian]

2014, Fürstenberg/Havel: Kulturstiftung Sibirien
207 pp., 5 colour photos
Euro 18; paperback
ISBN: 978-3-942883-19-1

Languages and Cultures of the Russian Far East
http://www.siberian-studies.org/publications/lc_R.html